QIYE CHENGZHANGLI SHUJIA
企业成长力书架

营业厅
这样做才赚钱

移动互联时代的营业厅盈利新法

邹春晓 著

中国财政经济出版社

图书在版编目（CIP）数据

营业厅这样做才赚钱／邹春晓著．—北京：中国财政经济出版社，2016.5

（企业成长力书架）

ISBN 978-7-5095-6655-8

Ⅰ．①营… Ⅱ．①邹… Ⅲ．①企业管理-销售管理-商业服务 Ⅳ．①F274

中国版本图书馆CIP数据核字（2016）第046475号

责任编辑：周水琴　　责任校对：李　丽

责任印制：刘春年　　版式设计：丁丁图文

中国财政经济出版社出版

URL：http://www.cfeph.cn

E-mail：cfeph@cfeph.cn

社址：北京市海淀区阜成路甲28号　邮政编码：100142

营销中心电话：010-88190406　北京财经书店电话：010-64033436

北京中兴印刷有限公司印刷　各地新华书店经销

787×1092毫米　16开　17印张　200 000字

2016年5月第1版　2016年5月北京第1次印刷

定价：45.00元

ISBN 978-7-5095-6655-8／F·5354

（图书出现印装问题，本社负责调换）

本社质量投诉电话：010-88190744

反盗版举报热线：88190492　88190446

PREFACE 前言

随着移动互联时代的纵深发展，通信营业厅也开始了新一轮的转型升级，在变革的风口浪尖，营业厅面临着各种挑战，其中，最关键、最根本、也最紧迫的问题就是“盈利难”，对此，人们期待的理想情况是——当下如何让营业厅盈利，并在持续盈利的状态下顺利转型升级。

针对营业厅“盈利难”这一痛点，作者通过对市场和顾客需求的深入分析，经过实践经验的总结，认为盈利型营业厅有六个非常重要的关键点：调研选址、精准定位、团队管理、运营管理、营销管理、陈列和服务管理。

本书正是通过对以上六大关键点的解析，得出以“销”来打造持续盈利型营业厅的有效方法。当你在经营营业厅的过程中遇到问题的时候，你可以使用书中提供的各种工具来管理营业厅，你会发现，再难的问题只要有合适的工具，都会变得非常容易解决。

（1）调研选址。通过阅读第三章你能够知道如何进行调研选址，怎样分析你的调研结果，让你的调研结果为你的营业厅提供数据支持。

（2）精确定位。阅读第四章，你能够明确自己营业厅的定位，知道消费者需要什么产品，而后向消费者推荐，从而实现精准营销。

（3）团队管理。单枪匹马的创业时代已经过去，团队合作才是公司发展的王道。对于一个营业厅也是如此，做好营业厅人员的管理，能够让营业厅拥有更大的竞争优势，抵挡住竞争对手的进攻。第五章将会告诉你如何进行团队管理，怎样打造一支精良的团队。

（4）运营管理。俗语讲："没有规矩，不成方圆。"经营者做好营业厅的运营管理工作，能够让员工各司其职，让营业厅的工作得以高效运转，降低营业厅的运营成本。第六章将告诉你如何做好营业厅的运营管理工作以及在管理中应注意哪些问题。

（5）营销管理。营销管理一直是营业厅经营者的痛点，很多经营者并非营销专业出身，甚至有的对营销根本不了解。针对这种情况，在第七章我不仅教你一些基础的营销方法，还将我多年积累下的营销经验传授于你。

（6）陈列和服务管理。最后一章我会告诉你如何进行营业厅的陈列和设置，帮助你设置一个消费者喜欢且成本低的陈列方案。此外，我还会告诉你如何提升营业厅的服务水平，怎么样让店员的服务赢得消费者的青睐。

书中关于持续盈利型营业厅的经营方法和理念，以及所提供的各种工具，都已经经过了市场和营业厅经营者的多次实践和总结，不仅具有非常强的可操作性，而且也十分符合当前市场和顾客的需求。因此，无论你的营业厅现在处于何种状态下，本书都可以为你提供不同程度的指导和帮助。

实际上，营业厅的类型和经营项目都有相似之处，要想在同质化的竞争中找到不一样的成功之路，则需要营业厅经营者具有先进的思想和经营理念。本书打破和延伸了传统的销售和经营理念，既关注市场和顾客的需求，也关注营业厅自身的团队建设和营业员的综合培训，试图将营业厅与市场深度融合，使营业厅能够从调研选址、精准定位、团队管理、运营管理、营销管理、陈列和服务管理六个方面打开全新的盈利局面。

我坚信，只要你认真研读这本书，必然能够解决你现在营业厅的困惑，使营业厅的人气和业绩与之前相比有质的飞跃。最后，我要感谢在我编撰本书的过程中给予我帮助的朋友，正是有你们的支持让我有勇气、信心编撰本书，再次说一句："非常谢谢你们！"

CONTENTS 目 录

029 Chapter 3 调研选址：做好充分的盈利准备

引　子

开个店，自己当老板

俞月在一家外企做了两年的会计，月收入 6000 元。父母付了首付为其在三环买了一套两居室的房子，但是剩下的还贷就要俞月自己还了。忙碌的工作让俞月基本上没有自己的时间，周末的早晨 6 点俞月就接到了老板的电话，“俞会计，公司有一个重要的账目，你需要过来加一下班。”

“哦，嗯……”

俞月艰难地从被窝中爬了起来，一副苦大仇深的模样，经过一番收拾，俞月踩着恨天高“咯噔、咯噔”地下了楼。

俞月实在是受不了日复一日没有波澜的工作，为了让自己的未来更有希望，俞月走进上司办公室，大方地递出辞呈。

可是，眼下一个问题困扰着她：已经 28 岁了，没成家，现在又没了事业，人生又一次来到了十字路口。

俞月经过多方调研、深思熟虑之后，准备到中国移动公司申请一个合作营业厅。一是因为大品牌有保障，二是因为现在移动营业厅的业务范围扩大，除了办理通信业务外，还可以卖手机。俗话说得好：“东方不亮西方亮。”

下定决心之后，俞月找到了赵亮。赵亮在大学时学的是金融专业，毕业后，赵亮去外国留学。近几年俞月听说赵亮回国后代理了一家移动营业厅，做得还不错。

俞月和赵亮来到附近一家咖啡厅坐下，各自点了一杯咖啡便闲谈起来。

“小学妹，最近可好？”赵亮问俞月。

俞月搅动着手中的咖啡，泄气地说：“不好，工作太苦闷，又没有出路，所以我辞职了。”

赵亮放下手中的杯子，说：“没有下一步的打算吗？”

俞月沉默了一下，然后将她想代理一家移动营业厅的想法告诉了赵亮。

赵亮听后说：“果然是新时代独立女性，有这想法挺好的，有想法就去做。”

“唉，”俞月再次叹气道，“学长，我对怎么开店、怎么运营，一窍不通啊！”

“或许，我可以给你提点意见。”赵亮笑着说。

俞月看向赵亮，这才反应过来，听说他毕业后就代理了一家移动营业厅，现在已经开3家了，找他咨询开营业厅的事绝对靠谱！

Chapter 1

利润解码：
影响营业厅盈利的五大问题

营业厅投资可大可小。对于任何投资者来说，获得利润才是最直接、最关键的目标。但是，市场激烈的竞争和互联网大时代之下的变革要求，使得营业厅更是在夹缝中求生存，盈利并不是想当然的事情。

1 成本：努力降低成本却没有带来高利润

赵亮非常严肃地问俞月："你为什么想开营业厅？"

俞月毫不犹豫地回答："当然是赚钱了！"

赵亮点了点头，说："利润的追逐是商业运营永远不变的法则。有利可图也是引导商人决策最主要的目的。然而，对于营业厅来说，获取高额利润并不那么简单。准确地说，营业厅要想获得最大化的利润，就必须努力降低成本，形成高盈利的经营模式。"

> **营业厅盈利法则：**
>
> 没有利润，再好的营业厅、再好的员工，都会陷入困境。

俞月想了想说："降低成本应该很简单，精打细算就可以了。"

赵亮摇了摇头说："降低成本并不等于精打细算，成本的高低在商业活动中起着至关重要的作用，成本对于企业的经济利益、企业的利润都有直接的影响。虽然降低成本的方式很多，比如，降低人力物力的消耗，提高员工的工作效率，等等，但是降低成本之后是否能够带来高利润，是每一个企业必须要解决的实际问题。"

俞月不解地问："降低成本不就是为了获得更高的利润吗？"

赵亮说："是的，但不是每一次降低成本之后都能够获得高利润。无论是大企业还是小营业厅，其成本的构成主要有两个：一个是直接成本，一个是间接成本。所谓的直接成本，就是产品的原材料成本和机械成本。比如，开营业厅，你的直接成本就是手机卡、手机等进货成本。而间接成本就是在你操作运营的过程中所产生的费用。比如，店面房租、装潢费用、水电费用、店员的工资、奖金、培训、福利、保险、店面的税收等。在这里，你需要知道，降低成本不是减少成本投入。"

"减少成本投入？"俞月疑惑地问。

"是的。不少营业厅为了保证利润。在原有价格不变的情况下，会减少成本投入，结果导致产品质量下降，服务跟不上，严重影响营业厅的生意，更谈不上所谓的高额利润。互联网时代下，企业都强调以用户为中心，都期待用极致的产品和服务打动消费者。减少成本投入无疑是自毁长城，很快就会出现问题。"

营业厅盈利法则：

学着降低成本，而不是减少投入。

赵亮喝了一口咖啡，继续说道："很多营业厅通过各种途径，在保证原有产品和服务不变的情况下降低了成本投入。成本降低之后，他们会面临两种选择。一种是保持原有产品价格不变，这就意味着，每一件产品的利润增大了。但是，这种情况下，原有的销量并不会发生多大变化，想赢得高额利润就很困难。还有一种选择便是，在保证原有利润不变的情况下，在一定范围内降低产品价格。产品质量没变，价格降低了，消费者在求廉求质消费心态的作用下，则很容易被吸引。但是，降低价格虽然能够吸引消费者，可是为了保证利润空间和产品档次，营业厅不可能大幅度地降低价格。所以，单从小范围内降低价格，并不一定就能吸引到大量的客户。而由于管理经验和销售技巧的缺失，营业厅很难吸引到大批量客户，最后也很难带来高利润。”

2 投入：营销投入大，效果小

俞月："学长，为什么有些营业厅的营销活动动静特别大，效果却非常不好呢？"

赵亮："你的观察能力很强，我曾经也经历过营销活动投入大但顾客反应差这种情况。营业厅无法突破市场的销售瓶颈，也是营业厅在营销中经常会遇到的问题。实际上，要想解决关于营销的问题，你必须先从了解市场需求和顾客需求入手，确定营销活动的最终目标，营销活动才能有的放矢。"

俞月说："为什么在同等的营销条件下，有的营业厅就能赚钱，有的营业厅却赔钱呢？"

> **营业厅盈利法则：**
>
> 条件同等，盈利并不一定就能同等。

赵亮严肃地对俞月说："你的问题特别好，在同等的营销条件下之所以会出现盈利不同的情况，是因为不同的营业厅其营销活动有很大的差别。实际上，有些营业厅会用最小的投入，赚取最大的利润，而有些营业厅却用最大的投入，赚取最小的利润。要想在营销活动中获得最大化利益，作为经营者，你首先要准确地把握营销活动的时机。每一家营业厅都会做营销活动，而最让所有营业厅头疼的问题，就是营销活动的投入多，获利少，到头来根本无法达到营销的预期目标，而营业厅的市场却越做越小了。究其根本就是对营销时机把握得不到位。”

俞月点头又摇头，说：“我明白你说的意思，但是我不明白，营业厅如何才能够避免出现投入大却获利小的情况呢？”

赵亮沉默了片刻之后，说：“营业厅都有自己的弱势，在经营一段时间之后，营业厅必然会遇到营销的瓶颈，且难以突破。要想投入小而获利大，营业厅必须在营销的过程中，充分发挥自身的优势，尽量避开自身的劣势。用营业厅的优势与市场对接，才能够突破瓶颈，赢取更多的利润。”

营业厅盈利法则：

用营业厅自身的优势占领市场，营销才能够奏效。

赵亮接着说：“总而言之，营业厅的一切营销都必须是经过周密安排的，千万不要头脑一热就做营销活动，慎重考虑，仔细筹划，才能够使营销赢得最大的利润。营销活动必须在一定的流程中进行，你不仅要考虑到市场和顾客，还要根据营业厅所处商圈和环境的不同，制订出详细可行的营销活动计划，这样，营销活动才能够突破投入大、利润少的市场怪圈。”

3 促销：营业额增长，利润不增长

赵亮看着俞月认真的表情，继续说：“影响营业厅盈利的问题有很多，前面我们已经说了两点，现在我们来说第三点：‘为什么促销能够带来营业额的增长，却无法带来销售利润的增长呢？’”

赵亮并不急着说下去，而是反问俞月：“你认为销售额和利润是一回事吗？”

俞月说：“当然不是了。”

> **营业厅盈利法则：**
>
> 有人气才有销量。

赵亮点点头说：“促销是大部分营业厅都会采取的一种营销活动，我们通常称之为‘炒店’。尤其对于新开的营业厅来说，促销活动可以刺激消费者首次购买，打响口碑，使营业厅快速地进入市场。同时，促销活动可以为营业厅解决一部分滞销的产品，改变营业厅的货品结构，优化陈列空间，有效的促销活动可以带来营业额的上涨。但是，销售利润不一定会增长，还可能会下降。”

赵亮说到这里顿了顿，有些不好意思地说："我最初创业的时候，就遇到过这样的问题。促销之后我发现，营业额是上去了，但是，最终的利润并没有上去。后来随着经营经验的提高我逐渐明白了一个道理：促销活动虽然降低了产品的价格，可是，也会减少利润空间，最后不一定会有大利润。"

赵亮看着俞月继续说："不少营业厅为了保证销售额，或者打压竞争对手，会展开促销活动。我们在商场中经常看到，产品降价或者买一送一的活动。这种活动虽然很吸引人，但是，对于营业厅来说，却有一定的风险。如果考虑不周，很可能会使利润缩水，有时还会出现赔本的情况。而利润缩水会影响到产品的投入，从长远来看，更会损害营业厅的利润。有的营业厅在促销活动中，为了保证盈利，往往会抬高商品的价格再促销。其实，这种小把戏很容易被消费者发现。因为促销活动一过，过高的价格不容易被消费者接受。我们会发现，成功的企业从来不会靠促销活动来盈利，更不会同竞争对手打所谓的价格战。"

营业厅盈利法则：

价格上的让利，不是获利的最好途径。

赵亮继续说："促销活动还很容易让消费者产生不信赖的心理。所谓'一分钱，一分货'。如果产品大量促销，消费者会在心中对产品的质量和安全存在疑虑，从而放弃购买产品，营业厅也容易出现压货的情况。而且，促销期间消费者争相购买，促销活动过后，产品价格又涨上去了，致使一部分消费者不愿再购买。你别看有些营业厅一到节假日就搞些促销活动，看着顾客挺多，可是销售利润并不一定会增长。最终，促销活动的苦也只有当事人才体会得到。"

4 人才：招人难，留人更难

俞月对赵亮说："我还有一个问题，是关于营业厅员工的。营业厅应该怎样招聘人才、留住人才呢？"

赵亮笑着对俞月说："学妹的思维方式越来越对路了。实际上，在我刚开始经营营业厅的时候，这个问题也困扰了我很久，经过这么多年的摸索，我觉得营业厅真正需要的人才不仅要有能力，更要对营业厅忠诚，并且将营业厅视为自己的事业。要想留住营业厅所需要的人才，作为经营者，你必须要懂得如何留住人才的心。"

> **营业厅盈利法则：**
>
> 留住人才，才能够创造更多利润。

俞月接着赵亮的话说："我觉得，其实留住人才挺容易的，只要给他们好的薪酬和待遇，他们就会愿意为营业厅服务的。"

赵亮认真地看了看俞月，问她："你要如何招聘人才呢？换一句话说，在招聘的时候，你怎么识别人才呢？还有如果对方并不看重你的薪酬和待遇，你又要如何留住人才呢？"

俞月听到赵亮的问题之后，愣住了，很长时间没有说话。赵亮语重心长地对她说："人才对于营业厅来说非常重要，因此在招聘人才和留住人才这两个重要的环节中，你千万不能掉以轻心。首先你必须要知道，你的营业厅需要什么样的人才，是管理型的、销售型的，还是综合型的；其次你要知道如何运用人才，使他们的能力得到充分发挥；最后你要懂得人才最需要什么，给他们最想要的，那么人才自然就会留下来为营业厅服务了。"

俞月低头想了一会儿，重新抬起头看着赵亮，说："我明白你的意思了，对于营业厅来说，人才是不能够有缺口的，因此营业厅必须要调动各个方面的因素来识别人才、留住人才。"

赵亮笑着对俞月说："你能够看到人才对于营业厅的重要性，我非常高兴。营业厅之所以会出现招聘难、留住人才更难的情况，首要的原因就是营业厅对人才没有给予足够的重视度，其次就是没有给人才足够的发展空间。因此作为经营者，你一定要让人才看到你为他们规划的职业未来，这样才能够将人才和营业厅紧密地联合在一起，才能使你的营业厅不会出现人才短缺的情况。"

营业厅盈利法则：

门店的实力，才是留住人才最好的条件。

赵亮继续对俞月说："我已经联系好了，明天我会带你去见'销售导师'，他才是真正让你的营业厅变成盈利型营业厅的人。"

俞月高兴得都不知道要说什么了，一个劲地对赵亮说："谢谢！谢谢！"

5 竞争：除了邻店，还有网店

俞月："前面你讲的那几个问题我都了解了，那么我是不是就可以顺利经营营业厅了呢？"

赵亮摇了摇头："实际上，营业厅最需要面对的问题是顾客。顾客从来都是让营业厅头疼的问题，没有顾客的时候担心，有了顾客之后还是要担心。尤其是当顾客流失的时候，作为经营者，你需要做些什么呢？"

俞月低下头想了想，说："当然是想方设法留住顾客了。"

赵亮点头："对。实际上顾客对营业厅来说，就是终极利益的来源，要想让顾客成为营业厅的忠实顾客，你就必须要正视一个问题，与你争夺顾客的竞争对手不仅仅是其他营业厅，还有网店。谁拥有更多的顾客，谁就能够赚钱。"

营业厅盈利法则：

留住顾客，才能不断给营业厅带来利润。

赵亮停顿了一下，接着说："对于营业厅来说，顾客流失的最大原因是市场竞争所造成的，而营业厅的竞争对手不仅是同类型的营业厅，也包括网店。尤其是现在市场的开放度越来越大，因此网店对实体店的冲击也会越来越大，营业厅要想留住顾客，难度也会随之加大。”

俞月一边听着一边点头：“营业厅究竟要如何才能够留住顾客呢？”

赵亮思考了一下，然后对俞月说：“营业厅要想留住顾客，必须要做好两方面的工作：第一，要从自身做起，将营业厅建设好才是硬道理，如果营业厅可以满足顾客的要求，甚至超越顾客的期望值，顾客自然会成为营业厅的固定顾客；第二，营业厅要清楚自己的竞争对手，如果营业厅无法做到知己知彼，就会在竞争中败下阵来。”

俞月：“建设营业厅需要一步一步地走，但是如果无法针对竞争对手做出相应的策略，营业厅的顾客流失一定会更加严重。”

赵亮用力地点头，非常欣慰地看着俞月，说：“学妹真聪明，一点就通。实际上大多数营业厅都会把竞争对手设定为邻店，因为这是看得见的，而邻店的威胁也的确存在。但是越是看不见的才是越危险的。现在，互联网几乎是无所不能的，因此网店对实体营业厅的影响也是非常大的。营业厅必须将竞争对手全部纳入到应对策略范畴当中。”

营业厅盈利法则：

看不见的竞争对手，才是最大的威胁。

俞月：“学长，我明白了，应对顾客流失的问题，营业厅必须要清楚所有竞争对手的实力，进而才能够找到应对竞争对手的策略。”

Chapter 2

突出重围：营业厅持续盈利的六个关键

营业厅的盈利必须具有持续性。无论市场如何变化，唯一不变就是盈利的获取，如果营业厅无法使盈利具有可持续性，营业厅则无法顺利经营下去，而营业厅的一切营销意图都会变成纸上谈兵。

6 调研选址

第二天，赵亮领着俞月来到一座位于市中心的商务大厦里，俞月问："我们要去见销售导师吗？"

赵亮一边走一边回头对俞月说："对。今天你有福了，销售导师正在做一个主题培训，你可以好好听一听。"

俞月努力跟上赵亮的步伐，问："什么主题培训啊？"

赵亮放慢了脚步，对俞月说："关于营业厅如何持续盈利的主题培训。"

俞月听了差一点没有跳起来，对着赵亮喊道："太好了！太好了！"赵亮看着俞月的样子哈哈大笑起来。赵亮和俞月进入大会议厅的时候，销售导师刚刚开始主题培训，俞月听到销售导师正在说："营业厅持续盈利的第一要素就是：调研选址。"

营业厅盈利法则：

正确的店址，等于成功的第一步。

销售导师说："选择营业厅的地址就是在选择商圈，如果营业厅所处的商圈不适合营业厅的经营和发展，营业厅将无法实现任何的营销，无法获得任何的盈利，就更不要说持续盈利了。简单地说，营业厅处于何种商圈之内，就代表了营业厅将会有怎样的发展。”

这个时候，有人举手想要提问，销售导师微笑着点头示意，于是举手的人问：“我要如何辨识这个商圈是否适合营业厅发展呢？”

销售导师再一次微笑点头，说：“这个问题非常好，对于店址你一定要进行实地考察和调研，你需要从以下几个方面调研营业厅的地址：第一，商圈的辐射范围。商圈的辐射范围越大，市场的潜力就会越大，也能够吸引更多的消费者。第二，店址周边的基础设施。基础设施的好与坏直接决定了消费者逗留的时间，而消费者的逗留时间则能够直接决定营业厅的成交量。第三，店址周边的常住人口。常住人口最可能成为营业厅的长期顾客，因此营业厅店址周边要有一定基数的常住人口。”

营业厅盈利法则：

商圈、设施、常住人口，选择店址的时候一样都不能少。

俞月小声地问赵亮：“要是找不到理想的店址，怎么办呢？”

销售导师好像听到了俞月的问题一样，说：“如果一时之间无法找到特别理想的营业厅店址，那么宁愿晚开店，也不要随便凑合。因为店址是关系到营业厅未来发展的重要因素之一，如果你从一开始就凑合，你的营业厅又怎么能够持续盈利呢？总之，关于营业厅店址，你一定要谨慎选择。”

俞月赶紧拿出笔和本，认认真真地把销售导师的话都记下来，赵亮也非常安静地坐在一旁。

停顿一会，销售导师继续说：“接下来，我要讲的是持续盈利的第二个关键点：营业厅的精准定位。”

7 精准定位

赵亮在俞月耳边轻声地说："实际上，导师讲的内容都非常实用，所以记录不是最重要的，最重要的是你要理解。"

俞月抬头看了看赵亮，认真地点了点头，这个时候俞月听见销售导师说："一家营业厅就像是一个人，如果一个人没有非常准确的内心定位，这个人是不会有任何成就的。同样的道理，如果一家营业厅无法对自身进行精准定位，这家营业厅就无法开展业务，聚拢人气，更无法拥有自己的顾客群。"

销售导师停顿了一下，喝了一口水，接着说："营业厅之所以需要精准定位，是因为只有定位之后，营业厅才能够进行下一步的营销和计划。通俗地说，营业厅在营销的时候，总要先知道营销的对象，然后才能够制订计划，而制订的计划也必须是营业厅可以完成的。如果营业厅对自身认识不足，营销和计划也达不到预期的效果。"

营业厅盈利法则：

先定位后营销，找准市场位置才能够盈利。

这时候，有一名学员举手提问："导师，如何为自己的营业厅精准定位呢？"

销售导师点了点头，然后说："要想为营业厅精准定位，你首先要了解营业厅的经营范围，找准目标顾客群。营业厅的销售可以多样化，但是每一种商品针对的顾客群都必须要准确。有些人是抱着'不管什么目标顾客，只要有顾客上门就可以'的心态。实际上，这样的心态非常不利于营业厅的建设和发展。简单地说，你都不知道自己是谁，别人怎么会知道呢？"

销售导师说到这里，听课的学员都笑起来，俞月和赵亮也一边笑着，一边点头。销售导师说的情况在现实的市场中并不少见，有些营业厅根本就没有为自身进行过任何定位，就冒冒失失地闯进了市场，结果失败得一塌糊涂。

营业厅盈利法则：

看清楚自身再闯市场，市场才会真正地接纳你。

销售导师接着说："简单地说，营业厅所销售的商品、商品所针对的顾客，还有营业厅的地理位置、区域商圈、行业现状都是营业厅自我定位需要考虑的条件。从营业厅的角度看待定位问题，你就必须要多层次、多角度地分析营业厅的综合实力和整体状况，然后再为营业厅找到最精准的定位。"

俞月小声地对赵亮说："这些我现在都不清楚，看来我的营业厅还没有找准定位。"

8 团队管理

销售导师接着往下讲，他说："现在我要讲的是营业厅持续盈利的第三个关键点：团队管理。"

这个时候，有一个学员举手提问："导师，为什么所有的培训都有团队管理的内容，团队管理真的这么重要吗？"

销售导师很肯定地点了点头，说："是的，无论你做哪一个行业，团队管理都是非常重要的，因为在职场中，任何工作你都不可能一个人完成，所以团队的配合、成员之间的默契就成为完成工作任务最重要的因素。你们可以想一想，自从工作以来，哪一项工作任务的完成不是团队合作的结果呢？"

营业厅盈利法则：

团队给力，营业厅才能够持续盈利。

赵亮轻声对俞月说："我们谁都不是万能的，所以一个好的团队才会显得格外重要。"

俞月点头，然后问赵亮，"我可不可以提问题啊？"

赵亮微笑着说："当然可以了，销售导师一直都非常喜欢学员能够主动思考，并且提出问题的。”

俞月得到了鼓励，举起手提问：“导师，我想知道管理团队最需要什么？”

销售导师对俞月微笑着说：“你的思维方式很特别，我非常愿意回答你的问题。对于团队的管理，最需要知己知彼，从了解自己到了解团队的每一个成员，都是你必须要做的工作。”

> **营业厅盈利法则：**
>
> 你和团队之间必须加强沟通，彼此了解的团队才是好团队。

销售导师接着说：“营业厅的团队管理与其他的团队管理，既有相同之处，也有不同之处。相同之处就是必须有明确的团队目标，并且要明确每一个成员的工作目标。不同之处就是在管理营业厅团队的时候，你不能把分工做得太细，而是要在工作中反复强调合作。”

销售导师停顿了一下，然后说：“道理其实非常简单，营业厅的人员配置是有限的，如果分工过于细致，会直接影响营业厅的正常经营。在这样的情况下，团队成员之间的合作就显得格外重要。此外，营业厅的团队管理还有一点不同之处——需要减少全体成员的会议次数，加强与每一个成员面对面的沟通。”

俞月一边听着一边摇头，她有些困惑地自言自语：“这是为什么呢？”

销售导师接下来说的话，正好回答了俞月的问题，他说：“营业厅的工作比较繁杂，你必须随时掌握每个团队成员的最新动向，因此单独的、面对面沟通的效果要比全体会议强很多。”

赵亮轻声地对俞月说：“这样的团队管理方式非常奏效，我现在就是这样管理我的团队的。”

9 运营管理

销售导师说："关于营业厅持续盈利的前三个关键点，大家还有什么问题吗？"销售导师面带微笑地环顾一周，看到学员们没有新的问题之后，销售导师才继续说："我现在要讲营业厅持续盈利的第四个关键点：运营管理。"

赵亮举手提问，这让俞月感到有些惊讶，只见赵亮问道："导师，究竟什么是运营管理？我听到的都是一些理论概念，您能不能用最通俗的语言说一说呢？"

俞月对着赵亮耳语："你不是听过导师的培训吗？怎么还这么多问题，你这不是在给导师出难题吗？"

赵亮笑了笑，没有回答俞月的问题。俞月看得出来，赵亮非常认真地等待销售导师的回答。销售导师看着赵亮说："我就知道是你，你是专门来给我出难题的。不过，我很愿意回答你的问题。用通俗的语言来说，运营管理就是你要对营业厅所有的经营和销售进行计划、控制、组织、实施，再简单一些，就是你必须让营业厅的一切营销都能够达到预期目标。"

营业厅盈利法则：

运营管理，就是对如何能够赚到更多的钱的管理。

俞月看了看销售导师，又看了看赵亮，心里嘀咕着："一个愿意出难题，一个愿意回答难题，真像一对好搭档呢！"

这个时候，销售导师对赵亮说："你对我的回答满意吗？"

赵亮站起来，不好意思地说："满意，谢谢导师。"

赵亮坐下之后，导师继续说："营业厅的运营管理要有战略性，这是非常重要的。一方面运营的战略性可以帮助营业厅确定目标，使营业厅更快地融入市场中；另一方面，战略性也能够让营业厅的每一个员工都各司其职，更好地完成自己的本职工作。"

营业厅盈利法则：

运营战略是营业厅的总指挥，它能够让营业厅稳步发展。

销售导师继续说："在营业厅的实际运营中，你必须懂得如何掌握运营的过程，不要因为管得太多而限制了员工的创造力和积极性。从一项工作的计划开始，到组织、实施，这个运营的过程都必须在你的掌控范围中，但是你千万不要事无巨细，亲力亲为。简单地说，你管得越多，员工反而会做得越少，所以在运营管理中，你要懂得掌控大局，不要过问细节。"

俞月一边记着笔记，一边低声对赵亮说："我有些不太明白，不知道细节怎么掌控大局啊？"

赵亮轻声地说："导师的意思是你只要把握住总体的原则和方向，具体的工作让员工去做，这样做才能够各司其职，各尽所能。"

10 营销管理

一名学员举手提问："导师，运营管理和营销管理一样吗？"

销售导师说："运营管理包括了营业厅内部、外部的所有经营活动，而营销管理针对的是营业厅的销售活动。准确地说，营销管理的实质就是对需求的管理，你需要抓住一切时机，提高满足需求的水平，对需求进行有效调解。"

销售导师停顿了一下，然后接着说："我现在要讲的就是营销管理，它是营业厅持续盈利的第五个关键点。通俗地说，运营管理可以让营业厅在制度和体制中逐步地走上正轨。营销管理则可以让营业厅开始盈利，并在市场竞争中找到合适的发展机会。"

营业厅盈利法则：

营销就是满足需求的过程，有需求才有市场。

俞月举手提问："如果我的营业厅非常小，还用得着营销管理吗？"

销售导师微笑地看了看俞月，说："实际上，刚起步的时候，营业厅的规模都不大，但是如果你不做好营销管理，你的营业厅则永远不会有扩大规模的机会，这是由市场所决定的。因此，无论营业厅的规模是大还是小，你都必须要做好营销管理，这样才能最终在市场中赢得一席之地。”

销售导师把目光从俞月的脸上移开，看着大家继续说：“从营销管理的本质来说，市场的需求、顾客的需求，包括营业厅自身的需求，都需要通过营销管理来满足。所以营销管理在营业厅经营中占据非常重要的地位。”

营业厅盈利法则：

营销需要针对顾客的需求，这样市场才会成为你的。

销售导师接着说：“营业厅的营销管理必须从需求出发，为了满足不同的需求而制定不同的营销策略，这样做就是为了能够顺应市场，进而赢得更多的顾客和利润。营业厅必须把需求细化，这样才能够在激烈的市场竞争中抓住更多的机会。”

这个时候，有学员举手提问：“导师，营销管理就是为了满足需求吗？是不是太简单了？”

销售导师认真地说：“满足需求并不是简单的事情，不仅要懂得需求、了解需求，而且更要有好的方法和手段，可以从各个方面来满足需求。同时，营业厅千万不要把‘满足需求’当成一句空话，从以往的经验来看，很多营业厅已经为忽视营销管理而付出了非常沉重的代价。”

俞月看见赵亮在点头，赵亮轻声对她说：“我就曾经为此付出过代价，不过幸亏我遇到了销售导师。”

11 陈列和服务管理

片刻的停顿之后，销售导师洪亮的声音再一次响起，他说："接下来，我要讲的是营业厅持续盈利的第六个关键点：陈列和服务管理。在过去的培训课上，有很多学员问过我同一个问题，'营业厅的陈列大致相同，还需要管理吗？'我的回答是非常肯定的，陈列和服务一样重要，因此都必须要进行有效的管理。"

销售导师继续说："为什么我会把陈列和服务放在一起讲呢？这是因为陈列是看得见的服务，而服务是看不见的陈列。具体地说，营业厅的陈列就是为了让顾客更好地浏览商品，并让其产生要与营业厅交易的渴望，而通过营业厅进一步的服务，就提高了顾客与营业厅交易的可能性。陈列和服务两者之间是相辅相成的关系，更是彼此补充的关系。"

营业厅盈利法则：

陈列和服务必须同步，两者需要及时互相补充。

俞月轻声地问赵亮，说："陈列和服务，我怎么觉得两者不搭着啊？"

赵亮微笑着说："耐心地听着，导师立刻就会给你答案的。"

果然，俞月听到销售导师讲："很多人都会认为陈列和服务之间没有必然的联系，现在你可以试想一下，如果你是顾客，当你进入营业厅的时候，你看到的是什么？当然是营业厅内部的陈列。你还想看到什么？自然是店员的微笑和优质的服务。从顾客的角度出发，陈列和服务很显然是一体的，不仅能够展现出营业厅的形象，也能够决定留给顾客怎样的第一印象。"

俞月低着头很认真地把销售导师的话记录下来，心想："看来我的很多理念都过时了，培训之后，一定要让学长给我引见销售导师。"

营业厅盈利法则：

合理的陈列与到位的服务，才能够把顾客留下来。

销售导师继续说："营业厅的陈列包括货架陈列和商品陈列，无论你的陈列是哪一种风格，都必须要配合员工的服务。如果员工为顾客讲解了很多营业厅商品的情况，而顾客还没有找员工所讲解的商品，顾客是不会与营业厅进行任何交易的。从顾客的角度来说，营业厅的陈列需要整洁而合理，同时也需要经常变换陈列，千万不要给顾客一种'怎么总是这个样子'的感觉。一旦顾客失去了对营业厅的新鲜感，你的顾客就很容易成为别人家的顾客了。"

赵亮在俞月的耳边轻声说："这一堂的培训课快结束了，我和你要耐心地等一等，因为每一次培训之后，都会有很多学员围着导师问问题。"

俞月也轻声地说："我知道了，今天我一定要认识销售导师。"

Chapter 3

调研选址：
做好充分的盈利准备

销售导师的第一堂课是调研选址。俗语说：“千里之行始于足下。”而选择营业厅的店址就是你必须迈出的第一步。对于选择店址的工作，你必须要亲力亲为，必须要对营业厅的商圈、消费者、竞争对手、行业和城市规划等，开展深入的调研工作。

12 市场调研：寻找优势，警惕劣势

商圈调查

俞月和赵亮很耐心地等待着销售导师，直到销售导师送走了所有的学员之后，赵亮才走到销售导师的面前，对他说："导师，这是我的学妹，她正在筹划开一家营业厅，想得到您的指导。"

俞月赶紧走到销售导师面前，伸出手和导师握手，她说："导师您好，我希望能够得到您的帮助和指导。"

这个时候俞月才认真地端详销售导师的外貌，他四十岁左右，相貌英俊，身材挺拔，很有亲和力。在与销售导师接触的时候，俞月感到非常的轻松。销售导师对俞月谦虚地说："你太客气了，我可没有赵亮说得那么神。如果你对我的培训感兴趣，以后你可以来参加，我今天讲到的这六个关键点，在今后的培训课上，我会详细进行说明和分析。"

俞月高兴得直鼓掌，说："太好了！太棒了！谢谢导师！谢谢学长！"

第二天，俞月和赵亮准时来到销售导师的培训课堂，今天销售导师要讲的是关于营业厅持续盈利的第一个关键点：调研选址。

营业厅盈利法则：

选择店址的标准是：充实营业厅优势，避免营业厅劣势。

销售导师微笑地问："我们都知道商圈非常重要，但是商圈调查如何进行呢？"销售导师停顿了一下，接着说："我希望今天每个人都带着问题听我的课，不要急于问出来，而是在今天的培训中寻找自己满意的答案。"

销售导师说："对于商圈的调查，你需要从以下三个方面着手：第一，商圈的基本特点。掌握了商圈的基本特点，你才能知道营业厅是否适合在这个商圈中生存。第二，商圈的基本顾客。知道了商圈中的来往顾客，你才能确定其中是否有你要的目标顾客群。第三，商圈的基础设施水平。从营业厅的经营角度来说，商圈的基础设施水平不能过低，过低则无法方便顾客；也不宜过高，过高则营业厅的压力太大；最好能够高一些，但是又在营业厅的承受范围之内。"

营业厅盈利法则：

商圈的条件不需要最好，只需要最适合的。

销售导师继续说："在选择商圈的时候，你需要用发展的眼光看待问题，如果商圈的前景无法达到你的预期，你就必须要考虑其他商圈了。简单地说，只有适合的才是最好的，千万不要把营业厅开在看起来不错，实则不适合营业厅发展的商圈中。"

消费者调查

俞月正在用心地记笔记，却听到销售导师问她："俞月，你希望营业厅拥有怎样的消费者呢？"俞月非常惊讶地抬起头，她没想到销售导师竟然记得她的名字，俞月急忙站起来，说："我……没想过，只要有顾客就行啊！"

俞月的回答引发其他学员的笑声，销售导师也笑了，他说："消费者与顾客有一定程度的区别，商圈中的消费者不会都成为你的顾客，而你大部分的顾客却都来自商圈中的消费者。因此，你只有掌握了商圈中消费者的基本情况，才能够准确地找到属于营业厅的目标顾客群。"

俞月问销售导师，说："我只调查区域商圈中的消费者就可以了吗？"

销售导师认真地说："消费者调查的重点是区域商圈内的，但是对于营业厅的整体消费群，你一定要有宏观的掌控。简单地说，营业厅所在的区域商圈中有多少消费者可以成为目标顾客，区域商圈之外还有多少可能的目标顾客，作为营业厅管理者，你都必须要进行全面的掌控。"

> **营业厅盈利法则：**
>
> 调查消费者的目的，就是为了更好地了解营业厅。

销售导师接下来说："对于消费者的调查主要有三种方法，第一，年龄调查法，把消费者分成不同的年龄层次，通过对各个年龄层次顾客的消费习惯和消费观念的分析，找到营业厅的目标顾客群；第二，心理分析法，充分地了解消费者的消费心理，通过分析消费心理，进而获得目标顾客群的相关信息；第三，职业综合法，从调查消费者的职业开始，充分了解并分析不同职业消费者之间的消费差别，进而获得更多目标顾客群的信息。”

营业厅盈利法则：

营业厅对消费者情况的掌握，决定营业厅未来的发展规模。

这个时候，有学员举手提问：“导师，我只要坐等顾客上门就可以了，为什么要如此辛苦地调查消费者呢？”

销售导师微笑着说：“道理其实很简单，知己知彼才能够赢得最终的胜利。对消费者的掌控，就是你要知道的‘彼’，如果你不能够知彼，又如何能够在竞争激烈的市场中站稳脚跟呢？”

销售导师停顿了一下，然后语重心长地说：“坐等顾客上门的经营方法已经完全被淘汰了，因此，你必须要对消费者有一个全面、全新的认识和掌握。记住，只有清楚消费者的消费习惯、消费模式、消费心理等，你才能够真正地让消费者转变成营业厅的顾客。”

竞争对手调查

俞月一边记笔记一边嘟囔着，“知己知彼也应该要了解竞争对手吧！”没想到让赵亮听到了，俞月听见赵亮大声地提问：“导师，有人质疑您的说法，认为知己知彼的‘彼’应该是指竞争对手。”

俞月嘟着嘴，很生气地看着赵亮，而赵亮却耸耸肩膀，一副无所谓的样子。俞月很担心销售导师会生气，但销售导师很快就打消了俞月的顾虑，他心平气和地说：“我的课堂上就需要这样有质量的质疑。赵亮说得很对，知己知彼中的‘彼’不仅代表消费者，也代表竞争对手，所以在进行市场调研的时候，你一定不能缺少对竞争对手的调查。”

营业厅盈利法则：

不能忽视竞争对手，否则营业厅将付出惨重代价。

俞月的心里偷偷舒了一口气，她瞪了一眼赵亮，继续问销售导师，“我如何才能知道谁是我的竞争对手呢？”

销售导师耐心地说：“营业厅主要的竞争对手来自两个方面：一个方面就是区域商圈中的同类型营业厅；另一个方面就是行业内部的领先营业厅。在对竞争对手进行调查的时候，你主要从这两个方面入手。在对竞争对手进行调查后，你需要做专业的分析，可以从以下三个方面来判断竞争对手的实力和能力。”

说到这里，销售导师停了下来，俞月、赵亮和学员们都非常紧张地看着销售导师，导师忽然笑着说：“虽然在说竞争对手，但大家也不必这么紧张啊！竞争对手既是对手也可以成为朋友的。”

大家听了销售导师的话都笑了，课堂上的气氛顿时变得轻松起来。这个时候销售导师继续说：“第一个方面是调查竞争对手的营业额和成交量，从竞争对手的营业额和成交量上，你可以分析出竞争对手的市场占有率，分析出他们的竞争优势在哪里。第二个方面是调查竞争对手团队核心人员的背景、学历、资料，然后进一步分析竞争对手的经营目标、经营理念。第三个方面是调查竞争对手近期和远期的战略目标，从而分析出竞争对手的实际经济实力。”

营业厅盈利法则：

只有掌握竞争对手的目标和经营战略，才能够赢得更多的市场份额。

销售导师接着说："透彻地了解自己的竞争对手，不仅是为了掌控对手，更是为了提高营业厅自身的竞争能力和运营实力。因此，你必须要知道竞争对手，了解竞争对手，并且要用平和的心态对待竞争对手。"

行业环境分析

销售导师提出问题，说："你们是不是都非常了解自己所经营的营业厅的行业环境呢？"

赵亮首先回答："我非常了解，因为我已经经营这么多年了，而且还算是小有成就。"

俞月思考了一会儿说："我也算是比较了解吧！毕竟现在我的开业准备工作已基本就绪。"

其他的学员有的回答："不是很了解，等经营后会慢慢了解的。"

也有的学员回答："一点都不了解。"

销售导师认真地听着大家的答案，然后非常严肃地说："进入到一个行业之前，必须要对行业环境进行充分的调查和分析，对行业环境的分析不能大概、差不多，也不能在经营之后再分析，更不能因为得到一点儿成绩就停留在原地。"

营业厅盈利法则：

行业在不断发展，环境在不断变化，因此你必须不断对行业环境进行分析。

销售导师看了看大家，然后用担忧的语气接着说："很明显，你们都没有把分析行业环境放在重要的位置上，大多数人都会认为分析行业环境是可有可无的，反正经营营业厅的时间长了，对行业环境自然就了解了。但是如果你真的这样做，你就会发现，你不仅错过了很多发展的好时机，你还可能使自己'误入歧途'。"

销售导师继续说："第一点要分析的就是行业未来的发展趋势。如果行业中已经没有发展和上升的空间，你贸然进入则会导致非常糟糕的结果。第二点要分析的就是行业的现实架构。只有找到你在行业架构中的准确位置，你的营业厅才可能获得更多的利润。第三点要分析的是行业的整体现状。只有了解行业的整体现状，你才能够真正地认识、了解一个行业是否合适你的发展。"

营业厅盈利法则：

分析行业的过去、现在、未来，理清行业的脉络，才能够顺利进入其中。

赵亮对销售导师说："导师，我明白了，行业环境在与时俱进，所以对行业环境的分析也必须与时俱进，否则就会被市场所淘汰。"

俞月也对销售导师说："导师，我也明白了，对行业环境我要认真、透彻地分析，之后才能够决定自己是否要进入这个行业，同时，我还要思考，进入这个行业之后，如何才能发展得更好。”

销售导师微笑着点头，说：“实际上，行业环境就是营业厅生存和发展的大环境，如果连大环境都无法了解和掌握，你在经营营业厅的时候则如同‘盲人摸象’，根本就无法继续经营，更不要说盈利了。”

城市规划分析

销售导师问赵亮，“你是不是有一家营业厅，刚刚开业就停业了？”

赵亮说：“是啊！因为城市规划的问题，我的营业厅地址在扩建的范围当中。”

销售导师又问：“你在筹备营业厅的时候，难道没有对城市规划进行分析吗？”

赵亮摸了摸鼻子说：“啊？城市规划也要分析啊？”

销售导师很严肃地说：“你的营业厅既然要在这座城市里进行经营活动，那么对于城市规划你就必须要了如指掌，否则就会做很多无用功，并且损失很多应得的利润。”

营业厅盈利法则：

城市规划也要成为营业厅规划的考虑范围之内，否则就会失去发展先机。

赵亮听了直点头，说：“对，经济上的损失倒在其次，主要是我和员工整整半年的工作都成了无用功，非常打击员工的工作积极性。”

销售导师说：“通常情况下，对于城市规划我们所能够得到的信息都是公开的，而且不是非常具体的，因此我们就更要从有限的信息中，针对三个方面的内容进行分析：第一，对城市规划的现状进行分析；第二，对城市规划的发展进行分析；第三，对城市规划中的商机进行分析。准确地说，你需要从城市规划中分析出营业厅的商机和机遇，进而能够针对商机做准备工作，如此一来，你的营业厅规划就可以完全融入城市规划当中。”

俞月一边听一边点头，心想，“原来城市规划对于营业厅发展这么重要啊！”

营业厅盈利法则：

城市规划可以促进营业厅发展，为营业厅提供更多的商机。

销售导师继续说：“很多人都会认为，城市规划与我没什么关系，或者我的营业厅只要不阻碍城市规划就可以了。这样的想法是不正确的。”

销售导师停顿了一下，接下来说：“道理其实非常简单，如果你不知道这座城市未来是什么样子，你一定也无法知道营业厅的未来，因此说城市规划决定营业厅的未来也不为过。我们在分析城市规划的时候，不仅要留意规划中蕴藏的商机和机遇，也要尽量让营业厅跟随城市规划的脚步，甚至让营业厅成为城市规划的一个重要组成部分。”

俞月心想，“对啊！如果我的营业厅成了城市规划的一部分，不就可以拿到很多优惠政策了吗？”

销售导师说：“当营业厅拥有城市规划所给予的全部优惠的时候，就是营业厅飞速发展的时候了。”

工具 1：观察法

	观察法第一阶段	观察法第二阶段	观察法第三阶段
定义	用感官进行表层观察，清楚事物的最基本外在形象和规律。	用已知的理论进行观察，在实际的观察中印证理论，并找到适用于自身的理论依据。	确定明确的观察目标，针对目标进行多方面观察，并对最终观察结果进行分析。
优点	获得第一手观察资料，并且对事物有比较清晰的看法。	理性的观察不仅能够还原事物的本质，而且也能够为今后的分析提供理论依据。	目标明确才能够更有效地进行观察活动，同时确定观察所需要的各种条件和步骤。
缺点	相对比较感性，容易产生歧义，而且很容易先入为主。	理论有时候是不准确的，不能真正切合实际情况，并且有一定程度的限制。	如果在观察的过程中，目标发生变动，那么观察的结果往往是不准确的。
作用	用自已的眼睛和头脑认识事物，才能够真正看清事物的真相。	理论结合实际才能够获得更加准确的结果，理论的作用是不可忽视的。	观察的目标就是指南针，而目标的作用正是为了获得更准确的观察资料。

工具 2：实验法

	实验法第一阶段	实验法第二阶段	实验法第三阶段
定义	通过改变一些既定因素，从而得到你想要的资料和信息。	通过改变一些不定因素，从而获得各种不同的实验数据。	通过改变一些特定因素，对所有的变化进行观察、记录和分析。
作用	通常情况下，既定因素是不能够改变的，当你改变既定因素的时候，意想不到的情况就会发生。	不定因素不会始终存在，但是不定因素往往会决定事情的成败，因此改变不定因素，你会得到不一样的信息。	特定因素是针对你的营业厅而言的，改变这些特定因素，你才能真正看到营业厅的真实状况。
方法	进行单组实验，对比实验前后的情况，得出比较客观的结果。	进行多组实验，进行不同的排列和类比，找到问题真正的症结所在。	进行循环实验，把上一次实验的结果和资料带入下一次的实验中，具体分析出实验结果的可信度和用途。

工具3：访问法

	事实访问法	意见访问法	解释访问法
定义	根据事实情况进行访问，访问对象大部分是与事实相关的人。	根据特定问题继续访问，受访者需要提供意见和建议。	在访问的同时对特定的情况继续解释，同时打消被访问者的不良看法和观点。
优点	对已经发生的事情，大多数受访者都会持有比较客观的态度，因此访问的过程会比较顺利。	对营业厅来说，一个问题的不同意见，不仅能够帮助营业厅解决问题，更有助于营业厅提高自身经营水平。	用受访者的观点解释问题，让公众比较容易接受，不至于让不良情绪进一步扩大化。
缺点	由于访问面受到限制，导致受访者无法畅所欲言，而访问结果也会比较片面。	因为对事实部分不是非常清楚，导致有些受访者的意见南辕北辙。	如果访问不当，则会引起更多的质疑，使得一个问题还没有解释清楚，又会出现新的问题。
方法	针对一个或者几个事实进行访问，主要目的是为了获得事实相关者的看法和观点。	将营业厅的问题提出来，让更多人提意见，必须将问题完全公开，让受访者充分了解营业厅的现状。	对于受访者要严格挑选，访问的流程也要精心设计，这样才能最终达到解释问题的目的。

工具4：问卷法

问卷种类	报刊问卷	邮政问卷	送发问卷	访问问卷	电话问卷
调查范围	很广	较广	窄	较窄	可广可窄
调查对象	难控制和选择，代表性差	有一定控制和选择，但回复问卷的代表性难以估计	可控制和选择，但过于集中	可控制和选择，代表性较强	可控制和选择，代表性较强
影响回答的因素	无法了解、控制和判断	难以了解、控制和判断	有一定了解、控制和判断	便于了解、控制和判断	不太好了解、控制和判断
回复率	很低	较低	高	高	较高
回答质量	较高	较高	较低	不稳定	很不稳定
投入人力	较少	较少	较少	多	较多

续表

问卷种类	报刊问卷	邮政问卷	送发问卷	访问问卷	电话问卷
调查费用	较低	较高	较低	高	较高
调查时间	较长	较长	短	较短	较短

资料来源：http：//baike.haosou.com/doc/5405665-5643453.html。

13 营业厅选址的四大原则

消费一致性原则——找准目标市场

午餐之后，俞月、赵亮和其他几个学员坐在一起讨论，俞月说："我觉得营业厅选址是非常重要的，如果选错了位置，营业厅肯定不会赚钱。"

赵亮说："我非常同意俞月的看法，我每一次选店址的时候，都会亲力亲为，去实地考察。"

学员甲说："谁都知道选店址很重要，但是选的时候总要有原则吧？否则光知道重要也是没有用的。"

这个时候，销售导师的声音响起来，他说："你们的问题就是我下午要讲的主要内容，关于选址的四大原则。"

大家都回头去看销售导师，每一个人的脸上都充满了敬佩和期待。午休之后，销售导师的培训课继续进行。销售导师说："选店址的第一个原则就是消费一致性原则，这个原则的重点是你要找准目标市场。那么，什么是目标市场呢？"

营业厅盈利法则：

目标市场是营业厅的发展空间，市场有多大，营业厅的利润就有多大。

销售导师故意停下来，看了看大家的反应，然后说："简单地说，目标市场就是大市场下的'子市场'，每一个'子市场'都具有不同的特性，而营业厅的任务就是要找到适合自身发展的'子市场'。那么，你如何才能找准目标市场呢？"

销售导师又停顿了一下，他想让学员们进行独立思考。销售导师接着说："消费者的需求就是营业厅的经营指南，能够保证消费一致性的'子市场'就是营业厅的目标市场。简单地说，目标市场中的目标顾客应该是最充足的，不仅能够满足营业厅的日常经营需求，而且还能让营业厅得到进一步发展。"

营业厅盈利法则：

目标顾客存在最多的"子市场"，就是营业厅的目标市场。

有学员举手提问："导师，消费一致性究竟是消费者的一致性，还是营业厅的一致性呢？"

销售导师微笑着说："无论是消费者还是营业厅，都需要保证消费一致性的原则。如果你的店址无法在目标市场之内，消费者选择进入营业厅的可能性就会减少，与营业厅成交的可能性就会更少。消费一致性原则能够满足消费者的消费习惯和需求，也能够满足营业厅的盈利和发展，因此，这个原则不仅是找准目标市场的原则，更是营业厅选择店址不可忽略的原则之一。”

俞月在笔记上记录：“目标市场可以让营业厅顺利地进入经营轨道。”

投资安全性原则——预估店面盈利

营业厅盈利法则：

投资有风险，但预估盈利则能够有效降低投资风险。

俞月问销售导师：“导师，我的投资金额非常有限，怎样才能更加有效地运用投资呢？”

销售导师思考了一会儿说：“要想运用有限的投资，做最赚钱的营业厅，你就必须遵守选择店址的第二个原则：投资安全性原则。这个原则的核心就是要让你预估营业厅的盈利，以便能够决定营业厅的投资方向和方法。”

销售导师说：“预估营业厅盈利主要从三个方面入手。第一，预估市场份额。你所要经营的营业厅，究竟在市场中有多少份额？这些市场份额会继续增加，还是会持续减少？这些问题都需要你自己找到答案。第二，预估行业前景。每一个行业的发展都有其特有的规律，因此在进入行业之前要先对行业进行分析、预估。第三，预估营业厅的盈利期限。没有一家营业厅是开业就能盈利的，要经过一段时期之后，营业厅的经营才能走入正轨，并且开始盈利。”

营业厅盈利法则：

预估越到位，投资的安全系数越高，营业厅经营成功的概率也会越大。

俞月问销售导师，说："如果我的预估平均值特别低或者特别高都是正常的吗？"

销售导师微笑着说："预估的平均值不应该偏离正常的范围，因此特别低或者特别高，你都不应该投资，而是要重新选择店址，再进行新一轮的预估。"

销售导师说："准确地说，我们手里的资金都不是非常充足，因此预估营业厅盈利就变得非常必要，毕竟投资是一件非常有风险的事情。那么为了把投资的成本降到最低，我们需要做好三项工作：第一，选对投资目标；第二，选对投资时机；第三，选对经营理念。只要你能够做好这三项工作，营业厅的经营就会很快地进入正轨。"

俞月接着问："我们都不是预估专家，如何才能够保证预估的正确性呢？"

销售导师说："做到这一点其实很简单，预估不是凭空而来的，只要你保证评估数据是正确的，那么你的评估结果就是正确的。实际上，对投资安全的关注是每一位经营者所关心的事情，其实你不必成为预估专家，只需要做到实地考察即可。"

赵亮说："我懂了，我那一次的选址错误，就是因为我没有去实地考察。"

俞月在笔记本上记录："保证投资安全性，必须要保证各种预估数据的正确性，我必须要进行实地考察。"

品牌相似性原则——靠近竞争对手

销售导师提出问题，说："怎样做才能够靠近你的竞争对手，让竞争对手为你的营业厅做宣传呢？"

学员甲："这个太难了吧！谁都不傻呀！"

学员乙："根本就办不到，让对手为我做宣传？这怎么可能？"

俞月："要是我的营业厅和竞争对手的营业厅同时进行同类商品的宣传，就能够做到。"

销售导师对着俞月微笑着点头，说："俞月的回答非常好，选择店址的第三个原则就是品牌相似性原则，品牌的相似度越高，越能够利用竞争对手的市场资源。"

营业厅盈利法则：

无限度靠近竞争对手，利用对手成熟的市场资源。

销售导师说："现在有两个店址要你选择，第一个店址地段好、价位低，但是周边的店面都是经营其他商品的，没有和你的营业厅相似的品牌；第二个店址的地段和价位都不如第一个店址，但是营业厅的周边都是经营同一类品牌的营业厅，而且你与竞争对手的营业厅品牌非常相似。你要如何选择呢？"

学员们莫衷一是。销售导师认真而耐心地听着学员们的发言，然后说："根据选择店址的第一个原则（消费一致性原则）以及第三个原则（品牌相似性原则），你的正确选择应该是第二个店址。"

销售导师继续说："与竞争对手经营相似的品牌，第一个益处是能够通过竞争对手打开市场的销路。从实际意义上来说，你的营业厅在刚开业的时候，经营会遇到很多问题，而最主要的问题就是客源，那么当你的竞争对手无法消化更多的顾客时，你的营业厅就可以轻而易举地获得这些顾客了。第二个益处是可以减少宣传成本。既然品牌是相似的，而竞争对手又在你的隔壁，那么他的宣传就是你的宣传，你的营业厅就可以节省很多宣传成本。”

营业厅盈利法则：

利用一切可能性靠近竞争对手，让他成为你的免费宣传员。

俞月似乎并不完全同意销售导师的观点，于是提问：“要总是这样做，我的营业厅不是等于‘寄生’在竞争对手的营业厅上吗？”

销售导师思考了一下，说：“我现在讲的是选择店址的原则，品牌相似性原则就是可以为你的营业厅带来以上这些益处。但是当你的营业厅步入正轨、市场资源和资金都充足的时候，你的营业厅自然就不需要这些益处了。”

俞月听懂了销售导师的话，认真地点了点头，在自己的笔记本上记录：“营业初期要懂得如何利用竞争对手的市场资源，同时节省自己营业厅的资金。”

人流汇聚性原则——顾客必经之路

俞月向销售导师提出问题，说：“我的营业厅究竟应该开在闹市区，还是应该开在商业区呢？”

销售导师说：“关于俞月的问题，大家都有什么想法吗？”

学员们纷纷表达自己的意见，有些学员选择闹市区，有些学员选择商业区，赵亮却说：“选择闹市区或者商业区都要看营业厅自身的需求。”

销售导师满意地对着赵亮点头，然后说：“选择店址的第四个原则是人流汇聚性原则，简单地解释就是你的营业厅需要开在顾客的必经之路上，而这条必经之路决定了你的营业厅是开在闹市区还是商业区。”

营业厅盈利法则：

人流汇聚的地方，才是营业厅的最佳店址。

销售导师说：“如果你的营业厅是在顾客的必经之路上，顾客对你的营业厅就会从开始的不经意，到后来的关注，最终进入你的营业厅，并且购买营业厅的商品。但是如果你的营业厅只是在人多热闹的地方，而不是顾客的必经之路，顾客则很容易忽视你的营业厅，甚至不会注意到原来这个地方还有一家这样的营业厅。”

俞月听了销售导师的话直点头，说：“是这样的，我家附近经常有新店开业，有些新店我一下子就能注意到了，有些新店很久了我都不会知道，而且我经常会有‘呀！这里什么时候开了一家新店’的感觉，其实那家店在这里都已经两年了。”

俞月的话引起了很多学员的共鸣，销售导师继续说：“对的，只是热闹人多还不够，只有顾客的必经之路才是营业厅店址的最佳选择。因此，营业厅店址最好能选在人流汇聚之处，比如几条路的交叉点，或者居民小区的入口或者出口处，等等。”

营业厅盈利法则：

按照顾客的习惯来选择店址，才能够保证店址在顾客的必经之路上。

销售导师继续说：“如果你无法确定顾客的必经之路在哪里，你可以当一回顾客，反复地进行实地考察，看一看、想一想顾客的必经之路究竟在哪里？当你确定下来之后，你的营业厅店址也会随之确定下来了。”

赵亮说：“这个方法非常好用，每一次我选择店址的时候，自己都会去实地走一走、看一看，这样心里就有数了。”

俞月在笔记本上记录：“人流汇聚性原则的关键，就是要找到汇聚的点和氛围，使营业厅店址真正处于顾客的必经之路上。”

14 营业厅选址的六个技巧

交通便利

销售导师喝了一口水，接着说：“我们讲过了选择店址的四大原则之后，现在再来讲一讲选择店址的六个技巧。”

俞月有些不耐烦地嘟囔：“还有什么技巧啊？选个店址至于这么麻烦吗？”

赵亮无奈地笑了，轻声地对俞月说：“选择一个好的地址，才能够保证你的营业厅开业大吉，你也不希望自己的营业厅还没有盈利，就要关门了吧！”

俞月生气地瞪了赵亮一眼，低声地说：“我的营业厅肯定会长长久久，永远不会关门的。”

赵亮耸了耸肩，没有再说话。这个时候，销售导师说：“营业厅店址就是营业厅的地基，如果一栋大厦的地基不稳，这栋大厦很快就会倒塌，对于营业厅来说是同样的道理。”

营业厅盈利法则：

掌握选址的技巧，就是为营业厅打下最坚实的基础。

销售导师说："选择店址的第一个技巧是交通便利。有些营业厅的店址虽然在人流密集的区域中，却需要顾客走很多路才能够到达，这样的店址就是不合格的。有一次我参加一个学员的营业厅开业典礼，他的请柬上写着'坐某某路车，下车即是'，当时我觉得这个店址真的不错，交通如此便利。但实际情况不是这样的，他的营业厅在下车之后还要走很远，而且中间有一大段路还没有修好，等我找到他的营业厅时，已经累得精疲力竭了，根本就没有心思参观或购物了。"

学员甲提出问题，说："交通便利的店址都太贵了，我的手里没有那么多的资金呀！"

销售导师说："并不是只有市中心或者商业街才能够称得上交通便利，恰恰相反，越是市中心停车就会越困难，而商业街的交通往往会很拥堵。那么交通便利的标准是什么呢？第一个标准：不让顾客走冤枉路。很多人都会认为市中心才是交通便利的，但其实有很多比较偏的街道，交通也是非常便利的。第二个标准：能够给顾客多种选择。简单地说，顾客开车来也可以，走路来也可以，坐车来也可以，让顾客觉得方便即可。"

营业厅盈利法则：

营业厅店址的交通便利，就是顾客成为回头客的重要因素之一。

俞月对销售导师说："我明白了，营业厅店址宁愿选择偏远一些，但交通便利的地方，也不要开在看似很热闹，但交通不便利的地方。”

销售导师很满意地点头说：“俞月总结得非常好。总而言之，你需要打破对于交通便利的固有思维逻辑，然后你会发现，其实交通便利的店址有很多，而且价钱都很便宜。”

顾客聚集地

> **营业厅盈利法则：**
>
> 顾客是营业厅的利润来源，有顾客营业厅才有未来。

学员乙提出问题，说：“偏远一些的地方，就算是交通便利，但是也没有那么多顾客啊！”

销售导师说：“选择店址是一件非常复杂而细致的工作，你不能够只认定一点或者两点，你需要全面综合考虑，因此选择店址的第二个技巧就是：店址必须是顾客聚集地。”

俞月对销售导师说：“我如何才能够肯定店址就是顾客的聚集地呢？”

销售导师非常满意俞月的问题，他说：“俞月的思维越来越严谨了，考察一个店址是否具备顾客聚集地的特质，要从三个方面入手。第一，是否是顾客认定的特定商业区。很多时候，我们都会说修电脑去这里，修手机去那里，要想买衣服去某某街，要想买电子商品去某某大厦。因此，店址如果是顾客认定的特定商业区，你的营业厅不仅会节省一笔宣传费用，而且还有现成的市场资源可以利用。第二，是否具备大规模接待顾客的基础设施。顾客愿意在哪里聚集呢？自然是基础设施齐备，并且有优质购物环境的地方。因此，你必须要认真地考察店址周围的基础设施，完善的基础设施才能够为你的营业厅带来最大流量的顾客群。第三，是否具有不同层次的顾客群。营业厅需要不同层次的顾客群。如果顾客过于单一，则很容易导致营业厅的经营不善，因此考察店址的时候，一定要多考察周边顾客的情况，拥有多层次、多年龄段的区域商圈，才能成为顾客聚集地。”

> **营业厅盈利法则：**
>
> 顾客聚集地必须具备一定的条件，而这些条件就是选择店址的标准。

俞月对销售导师说：“顾客聚集地不是固定的，凡是具备一定条件的区域商圈，都有可能成为顾客聚集地。那么什么样的顾客聚集地才适合营业厅的发展呢？”

赵亮抢在销售导师之前说话了，他说：“当然是你的目标顾客群最多的地方了。”

销售导师点了点头说：“赵亮说得很对，除了这一点之外，还要考虑顾客聚集地中的顾客是否具备开发的价值，因为你的目标顾客群需要不断地扩大和丰富，所以你需要综合地考察、细致地分析各方面的资料和数据。”

俞月在笔记本上记录：“顾客聚集地是指营业厅目标顾客最多的区域商圈，在顾客聚集地中，顾客一定要具有开发价值。”

人口增长潜力大

学员丙问销售导师，说：“我的资金实在有限，所以我只能选择人口少、地点很偏的地方做店址，您觉得我的营业厅能有好的发展吗？”

销售导师对学员丙说：“实际上，你不需要担心人口少、地点偏的问题，现在的城市发展得非常快，大家可以想一想，现在的商业区和闹市区以前是什么样子的，有很多现在非常热闹的地段，几年前还是非常冷清的。在这样的情况下，你需要关注的是选择店址的第三个技巧：人口增长的潜力。”

营业厅盈利法则：

用发展的目光看待店址，人口增长潜力大的地方才是好店址。

销售导师说：“在选择店址的时候，你也许还没有能力做长远的打算，但是如果选择了一个并不是很成熟的区域商圈，你就必须考察商圈内人口增长的潜力有多大。简单地说，也许现在你所选择的店址并不是中心商业区，但是只要人口具有很大的增长潜力，那么随着人口的增长，你的顾客就会随之增长，不仅是你的营业厅，包括区域商圈中所有的店铺，都会得到长足的发展。”

俞月问销售导师，说：“我现在基本上还是‘门外汉’，我怎么知道店址周边的人口增长潜力呢？”

销售导师十分认真地回答俞月的问题，说：“第一点，你要考察店址周边的社区。如果社区的配套设施完善，入住率正在上升，那么就预示着人口将会有大幅度的增长。第二点，你要考察区域商圈中的店铺。如果区域商圈中的店铺种类各异，而且都具有一定程度的竞争实力，那么即使现在区域商圈还不成熟，但是未来一定会快速地发展起来。第三点，你要比较三年内的区域商圈客流量。如果客流量持续上升，那么就证明区域商圈正处于上升阶段，未来人口的增长会非常迅速。”

营业厅盈利法则：

人口增长的潜力直接决定营业厅的客流量，人口增长的潜力越大，营业厅未来的目标顾客则越多。

销售导师接着说："由于刚开始筹备营业厅的时候，大家手里的资金都不是非常充足，所以对营业厅店址的选择，大家都希望能够做到'物美价廉'，因此你必须要锻炼自己的眼光和能力，看到其他人看不到的地方，正确地判断区域商圈中人口增长的潜力，这样，你才能够为营业厅开拓出更宽广的目标市场。"

俞月在笔记本上记录："营业厅店址周边的人口增长潜力考察是必不可少的，而且不能总依赖赵亮的指导，要学会独立思考。"

障碍物较少

赵亮向销售导师提出问题，说："我有一家营业厅，店址符合您说的四大原则，但是不知道为什么，营业厅的生意始终不是很好，我也想了很多办法，却都不见成效。您能帮我分析一下原因吗？"

销售导师问赵亮，说："你能描述一下营业厅周边的环境吗？"

赵亮说："我的营业厅在一栋大厦的后面，这栋大厦是非常有名的地标性建筑，我的营业厅前面是正在施工的地铁站，如果通车之后，这个区域一定会更加热闹的，而且……"

销售导师做了一个停止的手势，示意赵亮可以停止描述了，销售导师微笑着说："我已经知道问题所在了，你的营业厅障碍物太多了。首先就是那栋地标性建筑物。它在标明营业厅位置的同时，也阻挡了顾客的目光，任何顾客都会先看到有名气的建筑物，而彻底忽略了你的营业厅。其次就是正在施工的地铁站。它阻挡了很多顾客的视线，让你的营业厅变成最难找的营业厅。”

营业厅盈利法则：

营业厅需要在顾客的视线范围之内，过多的障碍物会阻碍顾客看到营业厅。

销售导师说：“这就是第四个选择店址的技巧：尽量选择障碍物少的地方。障碍物不仅会阻挡顾客的视线，直接影响营业厅的经营，也会让顾客产生错觉，认为营业厅的经营不好，甚至有的顾客会认为营业厅就要关门了。不过像赵亮营业厅前方正在施工的地铁站，不属于预期之内，那么你必须要在附近贴一个指示牌，引导顾客。”

赵亮对销售导师说：“经过您的分析，我的心里就有底了，我回去就按您的建议去做。”

营业厅盈利法则：

营业厅店址的障碍物越少越好，这样营业厅才能够在第一时间进入顾客的视线。

销售导师说：“营业厅外部的障碍物不仅要少，营业厅内部装修中的障碍物也要少，不要让过多的装饰打乱顾客的视线，使顾客无法集中精力浏览营业厅的商品。”

俞月在笔记本上记录：“营业厅店址一定要选择在比较开阔的地方，因为障碍物会妨碍营业厅的经营。”

自发形成的市场

销售导师说："营业厅选择店址的第五个技巧是：自发形成的市场。通常情况下，自发形成的市场具有以下四个方面的优势。第一个优势是人气非常足。人气足才可能形成一个市场，而自发形成的市场就会最大限度地解决营业厅客流量的问题。第二个优势是发展非常快。从自发的角度来看，如果要形成一个市场，那么一定具有非同一般的发展速度，而在快速形成的市场中，你会找到不同寻常的商机。第三个优势是消费水平比较平均。之所以会形成自发的市场，正是因为消费者的消费水平都很平均，即使个别的交易额会低一些，但是整体的消费水平还是可以维持的，这就保证了营业厅的营业额。第四个优势是客流量增长潜力大。自发形成的市场在消费者中一般具有很高的口碑，那么一传十、十传百、百传千，市场很快就会繁荣壮大起来，市场中的客流量也会成倍地增加，如此一来不仅能够带动营业厅的经营，也能够让营业厅整体提高一个档次。"

营业厅盈利法则：

自发形成的市场是营业厅店址最好的选择，一是租金低，二是发展快，三是目标顾客多。

俞月问销售导师，说："自发形成的市场会存在一些不规范的竞争，我的营业厅能够适应吗？"

销售导师微笑着说："竞争在哪里都存在着不规范的情况，如果你的营业厅连这一点市场风浪都抵挡不住，你的营业厅的未来则让人担心了。"

俞月想了想，觉得销售导师说得对。这个时候，销售导师继续说："不要害怕市场中的不规范竞争，这些都是提高营业厅能力和实力的最好考验，只要你能够渡过这些难关，你的营业厅一定会赢得最好的未来。”

营业厅盈利法则：

越是不规范的竞争，越能够提高营业厅的实力。

销售导师接着说：“但是你的营业厅不能够用不规范的竞争手段赢得更多的利润，如果你不能规范营业厅的竞争行为，你也许会获得一时的利润，但是你将会失去长远的利润。”

俞月在笔记本上记录：“自发形成的市场中充满了商机，但是也存在着不规范的竞争风险，我要抓住这些商机，但是绝对不能运用那些不良的手段进行经营活动。”

销售导师说：“自发形成的市场虽然具有很多优势，但是也有不稳定的劣势，要将店址选择在自发形成的市场中，你就必须要做好各种应对方案，还要有很强的心理素质，以便更好地面对更多的不稳定因素。”

有广告和陈列空间

销售导师提出问题，说：“如果你是导师，选择店址的第六个技巧你觉得会是什么呢？”

学员甲：“营业厅广告的技巧。”

学员乙：“营业厅陈列的技巧。”

俞月：“店址和广告、陈列还有关系呢？”

销售导师点了点头：“对，选择店址的第六个技巧就是：有广告和陈列空间。有些营业厅的外部因为种种原因是不允许摆放广告、陈列宣传品的，这样，营业厅的广告和宣传都会受到非常大的影响。”

营业厅盈利法则：

对于营业厅来说，广告效应是不可忽视的。

销售导师：“相比之下，有广告和陈列空间的营业厅，与没有广告和陈列空间的营业厅，最大的差别主要有两个方面。第一，建立营业厅的形象。有广告空间的营业厅能迅速打开局面，建立比较完整的营业厅形象；而没有广告空间的营业厅则显得力不从心，很难在短时间之内建立营业厅的整体形象。第二，招揽顾客的力度。有陈列空间的营业厅会很容易吸引顾客的目光，因此顾客也很容易进入到营业厅内部浏览，并购买商品；而没有陈列空间的营业厅会错过很多顾客，因为大多数顾客不是直奔你的营业厅而来的，而是看到哪一家比较有吸引力就去哪一家。”

营业厅盈利法则：

外部的广告和陈列空间，就是营业厅最直接的促销方法。

俞月问销售导师，说：“我要如何运用营业厅外部的广告和陈列空间呢？”

销售导师：“营业厅外部的广告和陈列是给内部营销做准备，因此外部要结合内部的宣传内容，让顾客看到外部的广告之后，就知道营业厅内部正在做的营销活动，从而将更多有兴趣的顾客招揽进营业厅。”

销售导师接着说：“在实际的操作中，营业厅外部的广告和陈列不要喧宾夺主，只要能让顾客看懂营业厅的营销活动就可以了。首先要遵守的是极简原则。外部的广告和陈列不要太烦琐，否则只会让顾客觉得眼花缭乱，在没看清楚之前，顾客就会选择放弃。其次要遵守的是互利原则。营业厅外部的广告和陈列不要影响到邻近店面的正常营销。俗语说‘远亲不如近邻’，在经营营业厅的时候，你必须要注意‘左邻右舍’的关系，如果你的外部广告和陈列影响了邻近的店面，那么很容易发生不必要的矛盾，甚至是冲突，这样，无论是对你的营业厅，还是对邻近的店面，都得不偿失。”

俞月在笔记本上记录：“营业厅外部广告和陈列空间要简单，要自律。”

Chapter 4

精准定位：
卖什么产品，卖给谁

销售导师的第二堂课是：精准定位。之所以要精准定位，就是要知道营业厅究竟在卖什么产品，这些产品的目标顾客是谁。

15 目标客户需求分析

营业厅定位 = 客户类型定位 = 客户需求定位

俞月问销售导师，说："您总是在说营业厅定位，究竟什么是营业厅定位呢？"

销售导师："营业厅定位就是顾客类型的定位，再明确一些就是对顾客需求的定位。简单地说，营业厅首先要定位顾客的类型，然后定位顾客的需求，最后才能够准确地为营业厅自身定位。有些人认为，没有必要为营业厅定位，只要有生意做就可以了。这样的看法是不正确的。营业厅如果没有精准的定位，就会产生很多不必要的经营障碍，比如：营销策略的偏离，商品无法及时销售，等等。归根究底，营业厅不进行定位，就无法满足顾客的需求，盈利就成了一句空话。"

营业厅盈利法则：

定位顾客需求，才是营业厅盈利最有利的营销策略。

学员甲问销售导师，说："我知道了营业厅定位的重要性，那么我要如何为营业厅精准定位呢？”

销售导师耐心地回答问题，说：“营业厅定位是一个可逆的过程，简单地说，就是营业厅定位就是目标顾客的定位，反过来也是一样的，目标顾客定位之后，营业厅的定位就可以更准确。因此，营业厅定位要遵守这四大原则。原则一：细化客户类型原则。客户的类型有很多种，对于营业厅来说，每一个类型的客户都是非常重要的，因此营业厅要将客户类型进行细化，以便在经营中做进一步分析。

“原则二：营业厅商品市场定位原则。营业厅所经营的商品要在市场中找准位置，比如营业厅主要经营的是高端商品还是低端商品？商品针对的是个人还是团体？这些问题都必须要有非常精准的答案。

“原则三：目标顾客群定位原则。营业厅的目标顾客群不是一下子就能够定位的，因此营业厅需要积累更多的顾客数据，弄清楚顾客的需求，掌握营业厅商品的第一手信息，这样，营业厅才能找到非常准确的目标顾客群。

“原则四：中心需求与辅助需求相结合原则。营业厅的中心需求是针对目标顾客群的，而辅助需求是针对其他顾客群的。简单地说，营业厅不可能只做目标顾客的生意，对于那些非目标顾客，也必须要满足他们的需求。”

营业厅盈利法则：

客户的需求就是营业厅努力的方向，需求满足得越多，营业厅的盈利则越多。

赵亮低声对俞月说：“看来下课之后，我要对营业厅重新定位了。”

俞月点头，并在自己的笔记上记录："客户需求定位就是客户类型定位，这两个定位是营业厅定位的基础，既有相同的地方，也有不同的地方。切记，营业厅定位要认真对待。"

营业厅当前主要客户群分析

赵亮向销售导师提出问题，说："我怎么做才能准确定位营业厅的目标客户群呢？"

销售导师："定位营业厅目标客户群的第一步，就是要对营业厅当前的主要客户群进行分析。简单地说，营业厅每一个阶段的客户群都是不同的，比如营业厅刚开始营业的时候，与营业厅已经开始盈利的时候，其客户群就不一样。因此，你要随时地对当前的客户群进行分析，以便能更加准确地定位营业厅当前的目标客户群。"

> **营业厅盈利法则：**
>
> 当前的主要客户群，决定了营业厅当前的目标顾客。

销售导师："你要从四个方面对营业厅当前的主要客户群进行分析。第一，当前主要客户群的年龄。客户的年龄能够决定很多特质，比如消费习惯、消费心理、消费动机等，因此，营业厅当前主要客户群的年龄是你要分析的重点之一。

"第二，当前主要客户群的职业。对客户群的职业分析不需要细化，只需要将客户大致划分为几个有特点的行业，比如医生、律师、教师等，因为职业的不同，所以客户对营业厅和商品的要求也会大相径庭。

"第三，当前主要客户群的性格特征。大多数时候，客户的性格将直接决定客户是否能够与营业厅达成交易，因此，对当前主要客户群的性格特征进行分析，不仅能给营业厅提供进一步发展的根据和基础，也能让营业厅更明白客户的需求。

“第四，当前主要客户群的社会属性。当前主要客户群的社会属性一方面能够决定客户的购物层次和购物心理，另一方面也是营业厅树立整体形象的依据。因此，客户群的社会属性，也能够决定营业厅的社会属性以及在市场竞争中所处的位置。”

营业厅盈利法则：

对当前主要客户群了如指掌，你就掌握了营业厅盈利的法宝。

俞月问销售导师，说：“导师，为什么要强调是当前主要客户群呢？”

销售导师回答：“随着营业厅经营进入不同阶段，客户的情况也会随之发生很大的变化，因此目标顾客也会发生变化。你只有掌握当前主要客户群的资料和数据，才能准确地定位目标顾客，才能弄清楚主要客户的不同需求。这样，你的营业厅才能真正成为盈利型营业厅。”

俞月在笔记本上记录：“当前主要客户群是关注和分析的重点，当前主要客户群的资料和数据来源一定要详细、准确。一定要记住，只有明确了当前客户群的需求，营业厅的商品才不会发生滞销的情况。”

商圈潜在目标客户群分析

赵亮向销售导师提出问题，说：“导师，目标客户群是在变化中的，那么目标客户群的数量是不是固定的呢？”

俞月举手要求发言，她说：“肯定不是固定的，也在变化中。”

赵亮接着问："那是如何变化的呢？"

俞月嘟着嘴，摇了摇头，大家把目光重新聚集在销售导师的脸上，销售导师微笑着说："赵亮的问题是这样的，虽然目标客户群是变化的，但是数量上不一定会有所变化，而变化的只是不同人群而已。如果想要目标客户群得到增加，你就必须要对区域商圈内的潜在目标客户群进行分析。"

营业厅盈利法则：

扩大目标客户群，必须知道潜在目标客户群在哪里。

销售导师说："针对区域商圈中的潜在目标客户群，你需要从四个方面进行分析。第一，分析区域商圈中的基本客户群。区域商圈中到底有哪些客户群，你一定要逐步地掌握和熟悉，并且要确定哪些客户群是营业厅的顾客，哪些客户群不是营业厅的顾客，都是因为什么具体的原因。这样做的目的就是为了扩大营业厅的总体客户群。

"第二，分析区域商圈中现有的目标客户群的组成。究竟你的营业厅在区域商圈中，有多少目标客户群，这些目标客户群是否稳定，不稳定的因素是什么。这些都是你必须了解的，也是你分析目标客户群的主要资料和数据。简单地说，明确了现有的目标客户群，才能进一步发掘潜在的目标客户群。

"第三，分析营业厅目标客户群的变化情况。从营业厅开始经营的时候，目标客户群一直处于变化当中，虽然在通常情况下，这样的变化不是非常明显，但是对于这些变化的原因和走向，你都必须深入了解。建立顾客档案是不错的方法，它能够让你随时掌握目标客户群的变化情况。

"第四，确定区域商圈中潜在客户群的情况。经过了以上三个方面的分析，区域商圈中潜在的目标客户群就会逐渐明朗起来，而你现在的工作，就是要把潜在目标客户群的情况了解清楚，并进行深度分析，然后制定出开发潜在目标客户群的策略。”

营业厅盈利法则：

商圈内部潜在的客户群需要你的开发，才能够发展成真正的目标客户群。

俞月在笔记本上记录：“之所以称为潜在目标客户群，正是因为需要我去发现并且开发，所以对潜在目标客户群的关注必须是长期的。要记住，如果没有潜在目标客户群，那么现有的目标客户群也会很快消失。”

工具5：客户“$APPEALS”框架

$——价格	这个要素反映了客户为一个满意的产品交付希望支付的价格。用这个标准来要求供应商时，要从实际和感觉这两方面来考虑客户能接受的购买价格。将包括以下的数据评估：技术、低成本制造、物料、人力成本、制造费用、经验、自动化程度、简易性、可生产性等。
A——保证	这个要素通常反映了在可靠性、安全和质量方面的保证。用这个标准来要求供应商时，要考虑客户在可预测的环境下关于减少他们关注确定的性能方面如何评价整个产品。这可以包括保证、鉴定、冗余度和强度。
P——性能	这个要素描述了对这个交付期望的功能和特性。用这个标准来要求供应商时，要从实际和感觉这两方面来考虑有关功能和特性的产品性能。产品工作得怎样？产品是否具备所有的必须的和理想的特性？它是否能提供更高的性能？从客户角度来衡量，如速度、功率、容量等。
P——包装	这个要素描述了期望的设计质量、特性和外观等视觉特征。就软件而言，它描述了交付或提供的功能包。用这个标准来要求供应商时，要考虑客户对外形、设计等意见，还有这些属性对交付的期望的贡献程度。关于包装的考虑应该包括样式、模块性、集成性、结构、颜色、图形、工艺设计等方面。

续表

E——易用	这个要素描述了交付的易用属性。用这个标准来要求供应商时，要考虑客户对产品的舒适、学习、文档、支持、人性化显示、感觉的输入/输出、接口、直观性等方面的考虑意见。
A——可获得性	这个要素描述了客户在容易和有效两方面的购买过程（例如：让客户有他自己的方式）。用这个标准来要求供应商时，要考虑在整个购买过程的优秀程度，包括预售的技术支持和示范、购买渠道/供应商选择、交付时间、客户定制能力等。
L——生命周期成本	这个要素描述了所有者在使用的整个生命周期的成本，用这个要素来要求供应商时，要考虑安装成本、培训、服务、供应、能源效率、价值折旧、处理成本等。
S——社会接受程度	这个要素描述了影响购买决定的其他影响。用这个要素来要求供应商时，要考虑口头言论、第三方评价、顾问的报告、形象、政府或行业的标准、法规、社会认可、法律关系、产品义务等对购买决定起了怎样的促进作用。

资料来源：http：//wenku.baidu.com/view/69fb478fa0116c175f0e4821.html。

16 针对客户需求进行产品包装

产品需求：精致

销售导师说："我希望各位能够带着情境来听课，把我所讲的内容和你所经营的营业厅结合起来，这样，你才能够真正听懂并理解我所讲的内容。"

一个学员举手提问，说："导师，现在店址有了，目标客户也有了，接下来我需要做什么呢？"

销售导师非常满意地点了点，说："接下来的工作就是要满足目标客户的需求，首先你要从产品做起，不仅要对产品进行适度的包装，而且要让顾客认为，在你的营业厅里所有的产品都是精品，因为只有走精品路线，营业厅的产品才能够满足顾客更多的需求。"

> **营业厅盈利法则：**
>
> 做精品，只有精致的产品才能够让客户成为回头客。

销售导师说："要想让营业厅的产品变成精品，你需要做好三项工作。

第一，针对产品特性进行适度包装。任何产品都需要包装，但是现在很多产品都被过度包装，从而让顾客产生受骗的感觉，顾客因此对营业厅的印象变得非常差。因此，营业厅内的产品包装一定要适度，并且要适合产品的特性。

“第二，严格把守产品质量关。有些营业厅经营者认为，进一些质量稍有瑕疵的产品是没有关系的，他们觉得‘顾客不会发现’或者‘一样能用，没关系’。这样的想法让很多营业厅付出了非常惨重的代价。因此在任何情况下，你都必须要严格把守产品质量关，不能在质量上有一丝一毫的差错。

“第三，促销产品更要有过硬的质量。有些营业厅会在促销时，把有瑕疵的产品卖给消费者，他们觉得是占了便宜，但其实他们已经吃亏了，最终会因此失去很多顾客。试想一下，如果你是顾客，你买的促销产品是次品，你还会再次光临这家营业厅吗？答案一定是否定的。所以，要想成为顾客心中的精品营业厅，促销产品的质量也一定要过硬。”

营业厅盈利法则：

精致的产品才是营业厅最好的宣传品。

俞月在笔记本上记录：“精致的产品是营业厅吸引顾客的最好法宝，无论说得多好，都必须要有精品作为基础，如此一来，顾客才会对营业厅产生信任感，并且愿意再次光临营业厅。”

赵亮在课后对俞月说：“虽然做精品需要多一些投入，但是从长远利益来看，做精品才是营业厅最终的出路。”

服务需求：细致

销售导师向俞月提出问题，说："现在你的营业厅已经有了非常精致的产品，接下来你要做什么工作呢？"

俞月说："把产品卖给更多的顾客。"

销售导师继续问："你如何才能把产品卖出去呢？"

俞月想了想，然后摇了摇头说："我还没有想好呢！"

销售导师微笑着说："答案其实非常简单，就是用最好的服务把产品卖出去。准确地说，顾客进入营业厅之后，最直接感受到的就是营业厅所提供的服务。有些营业厅经营者认为，'只要我的产品好，就不愁卖不出去'或者'服务并不重要，反正我有好产品'。这样的想法都是错误的。"

> **营业厅盈利法则：**
>
> 营业厅不仅要有精致的产品，更要有细致的服务，这样，顾客才能够与营业厅达成交易。

销售导师说："针对服务来说，你要做到细致再细致，只有细节的服务才能够让你的营业厅获得更多的利润。首先是营业厅销售员个人形象和礼仪的运用。顾客进入营业厅之后，第一眼看见的不是产品，而是营业厅的销售员，因此销售员的个人形象就是营业厅的形象。营业厅销售员的衣着要整洁得体，不要过于时尚，同时营业厅也要定期开展销售员礼仪培训工作，使销售员能够更好地接待顾客。

"其次是接待顾客的过程中，每一步都要认真负责地准备。营业厅销售员在顾客进店之前、进店之后、离店之后都要做好充分的准备，而且要注意细节。比如，对产品的熟知程度、要如何了解顾客的需求、如何才不会引起顾客的反感，等等。

“再次是利用语言和询问技巧，明白并满足每一个顾客的需求。营业厅销售员的语言一定要准确，语气要温和，千万不可以咄咄逼人，否则会影响顾客的购物情绪。准确地说，销售员的语言和询问技巧，在一定程度上决定了顾客是否会与营业厅达成交易。

“最后是要让顾客与营业厅建立长久的购买关系。营业厅必须要为每一个顾客建立客户档案，尤其是已经与营业厅达成交易的客户。简单地说，客户档案不仅能够帮助营业厅和客户建立长久的联系，而且也能够适度扩大营业厅的目标客户群。”

营业厅盈利法则：

细节服务对于顾客来说，就是营业厅认真负责的一种态度的表现。

俞月在笔记本上记录：“服务一要细致，二要到位。对营业厅销售员的培训，一定要定期而系统，才能保证营业厅的服务质量。”

俞月记得赵亮也曾经对她说过：“营业厅销售员的服务非常重要，细节服务能够促成很多不可能达成的交易。”

专业需求：深化

有学员向销售导师提出问题，说：“一般情况下，营业厅的产品都带有一定的技术性，那么我的营业厅要不要变得更专业呢？”

销售导师说：“营业厅一定要专业，这也是顾客的需求。”

学员问：“我要如何做才显得足够专业呢？”

销售导师说："在顾客的眼中，既然你卖这种产品，那么你对产品的使用以及维修一定要比顾客专业。现在的顾客已经与过去的顾客有了很大的差别，他们的知识量和认知程度都是非常丰富的，所以你要把专业做精，要让顾客觉得你比他更懂产品。"

营业厅盈利法则：

做顾客眼中的专家，才能够促进营业厅的销售。

销售导师说："要想成为顾客眼中的专家，你必须要做到：第一，知无不言，言无不尽。对于顾客的询问，你不仅不能够敷衍了事，而且要做到知无不言，言无不尽。有些营业厅经营者认为顾客的问题非常'脑残'，认为这些显而易见的问题，根本就不需要解答。这样的经营者是不合格的。即使顾客不在你的营业厅购买产品，你也必须要认真地解答顾客的问题，只有这样，你才能拥有好的口碑，赢得更多的回头客。

"第二，加强专业知识的学习和更新。产品知识不可能是一成不变的，不要自满于你现在所掌握的专业知识，要不断地学习和更新自己的专业知识结构，这样做才能够在顾客面前成为专家。同时，你要学会用通俗易懂的语言，向顾客解释一些晦涩难懂的专业问题。

"第三，成为顾客信任的答疑解惑的专家。最好的专家不是你懂得多少专业的知识，而是你能够让顾客懂得多少专业的知识。要想获得顾客无条件的信任，你就必须要懂得顾客最需要什么样的专业知识，并把你的顾客都培养成产品的专家。

"第四，跟随行业前进的脚步，一刻也不能够松懈。营业厅在经营到一定阶段之后，经营者就很容易产生自满的情绪。虽然现在顾客都非常信任你，营业厅的利润也非常不错，但是你千万不要停步不前。如果你停步不前，就很容易被行业所淘汰，那么接下来你的顾客也会淘汰你的。”

> **营业厅盈利法则：**
>
> 要专业更要深度，这才是营业厅经营者最靠谱的专家之路。

俞月在笔记本上记录：“了解产品懂得产品，成为顾客心中的产品专家，这样做才能够留住顾客，让他们信任我，并且愿意买我的产品。”

价格需求：合适

赵亮问销售导师，说：“我提供了优质的产品和服务，那么我的产品价格是不是可以高一些呢？”

销售导师笑着说：“你是说要给自己的产品涨价，对吗？”

赵亮不好意思地笑了，说：“我是觉得我的成本比别人的高，价格也应该比别人的贵。”

销售导师思考了一下，然后说：“很多人都会有你这样的想法，实际上，作为经营者有这样的想法并没有错。但是有一个非常重要的先决条件，就是你的产品在涨价之后，价格是否合适？”

> **营业厅盈利法则：**
>
> 价格的涨与降，都要符合唯一的标准——合适。

销售导师说：“营业厅的产品价格是否合适，你要综合考察和分析以下四点。第一，目标客户群的接受程度。产品的价格需要目标客户群的高度接受，否则营业厅就会失去顾客。如果营业厅失去目标客户群，后果则是非常严重的。

“第二，当前主要客户群的接受程度。只有目标客户群可以接受也是不行的，营业厅的盈利需要当前主要客户群的支持，他们对产品价格的接受程度，也能够决定营业厅利润的多寡。因此，营业厅产品的价格要根据目标客户群和当前主要客户群的认同程度进行有效的调整。

“第三，同类型产品的横向比较。区域商圈中同类型产品的价格，你必须要进行深入的横向比较。营业厅产品的价格要处于中游的位置，不能是最低的，也不能是最高的。

“第四，行业内部的价格比较。什么样的价格才是最合适的呢？归根究底，价格是否合适不是由营业厅决定的，而是由客户、行业、市场决定的。因此对行业和市场的关注，对营业厅经营者来说是每一天必须做好的功课。要想让营业厅的产品价格恰如其分，你就必须要知道行业整体的走向以及营业厅产品所处的价格位置。”

营业厅盈利法则：

价格是由客户和市场决定的，营业厅经营者所要做的就是遵循价格规律。

赵亮在下课之后对俞月说：“现在我明白了，营业厅产品无论是降价还是涨价，都必须遵循一定的市场规律，否则就会导致非常严重的后果。”

俞月对赵亮说：“我以后在经营营业厅的时候，一定要注重价格问题，不能让客户吃亏，也不能让营业厅吃亏。”

赵亮笑着说："你倒是很精明啊！难怪销售导师对你的印象非常好。"

功能需求：专注

销售导师提出问题，说："作为营业厅的经营者，你希望自己的营业厅是多功能的，还是只专注于单一的功能呢？"

学员甲："当然是多功能的，功能越多，赚钱的渠道就越多。"

学员乙："我也觉得功能多好！"

赵亮："以我多年经营营业厅的经验来说，营业厅的功能还是单一的好。"

俞月："为什么呢？我也觉得功能多一些好。"

销售导师把大家的意见都非常认真地记录下来，然后说："我们先不讨论营业厅是功能多好，还是功能少好，现在我让大家都做一回顾客，分别进入到功能多和功能少的营业厅，进行实地考察和体验。"

营业厅盈利法则：

营业厅的功能不仅仅是为了盈利，更是为了留住顾客并促成顾客消费。

销售导师把学员们分为三组，一组是功能多的营业厅经营者，一组是功能少的营业厅经营者，一组是顾客。每一组的学员都有机会扮演以上三种角色，在全部学员完成了体验之后，销售导师问："现在大家可以说一说自己的体验感受了。"

大部分学员都表达了自己的体验之后，赵亮说："通过这一次的体验，我充分坚定了自己的看法，还是功能比较单一的营业厅好。"

俞月接着说："我同意赵亮的看法，我也认为功能比较单一的营业厅好，非常容易留住顾客，而且也能够专注地为顾客提供最优质的服务。"

销售导师把学员们的感受都一一记录下来，然后说："从自己的切身体验中，各位学员都得出了自己的结论。那么功能比较单一的营业厅究竟好在哪里呢？刚才俞月说了一个词'专注'，营业厅的功能就是要做到专注。"

营业厅盈利法则：

营业厅功能的单一化，就是为了能够更加专注。

销售导师："专注的营业厅具有很多特点，其一就是能够为顾客提供更加专业的服务。因为功能单一，所以可以专注地只做一件事情，那么顾客所得到的服务，必定是最为专业的。简单地说，营业厅经营者的精力是有限的，过多的营业厅功能会分散经营者的注意力。

"其二就是能够将营业厅员工的个人能力发挥到极致。只有精力集中才能够做到最好。

"其三就是能够提升营业厅的整体实力。营业厅里，如果每一个员工的能力都非常强，营业厅的整体实力也会随之提升。因此，营业厅功能的单一化，正是经营营业厅的秘诀之一。"

17 主推明确，展现到位

主推 + 展现："引导"顾客"顺从"

俞月向销售导师提出问题，说："如果我现在刚刚开始经营一家营业厅，在经营中，我的第一项工作是什么呢？"

销售导师："我很喜欢俞月现在的思维方式，只有把自己真正当成营业厅的经营者，你才能够关注到一些切合实际的问题。你在经营中要做的第一项工作，就是要明白营业厅在本阶段，主推的活动和产品是什么？你要如何展现主推的活动和产品？"

> **营业厅盈利法则：**
>
> 主推必须要有展示，这样才能够吸引顾客的视线。

销售导师："营业厅主推的活动和产品，一定要有恰如其分的展示。比如：你的营业厅正在主推一款新型手机，并且配合着一些话费的促销活动，那么你的销售员就必须要精通主推手机的各项功能以及话费活动的各种标准和要求，千万不要当顾客询问主推产品的时候，销售员拿着产品说明给顾客展示。

“从顾客的角度出发，如果你的销售员不敬业不专业，顾客就会对营业厅产生怀疑，进而怀疑你的产品和活动的真实性，一旦顾客产生这样的怀疑，你的营业厅将会面临前所未有的信任危机。

“而从营业厅的角度来看，主推＋展现这种模式，不仅能够让顾客更加直观地看到产品的优势，而且你也能够在展现的过程中，适度地加入你的思想和观念，以此来引导顾客‘顺从’你的观念，对产品和营业厅产生认同感。”

营业厅盈利法则：

主推中的展现一定要有营业厅自己的特色，这样才能够让更多的顾客认同你的营业厅。

俞月向销售导师提出问题，说：“如何才能让顾客‘顺从’我呢？”

销售导师微笑着说：“简单地说，有两个非常实用的办法，第一个方法是体验法。让顾客亲自体验产品，让销售员在一旁指导顾客使用，并且不间断地向顾客展示更多的产品优势。体验法最大的优点就是让顾客在体验的过程中，亲自感受产品，这样不仅能够增加顾客对营业厅的信任，最主要的是让顾客有‘反客为主’的心理优势。

“第二个办法是强大解说法。这个方法的关键就是销售员，只有优秀的销售员才能够在为顾客解说的同时，不让顾客产生逆反心理，进而让顾客认可你的产品。强大解说法的优点，就是能够让顾客跟随着销售员的思路走，让其在不知不觉的状态中，就接受了主推的产品。”

赵亮对销售导师说：“主推＋展现的模式非常好用，我的营业厅就是用这个方法，才赢得了那么多的顾客和市场。”

主推梳理：产品越多越好吗

销售导师接着提出问题，说：“主推产品是不是越多越好呢？”

俞月：“主推产品当然是越多越好啊！这样顾客会有更多的选择。”

学员：“我同意俞月的看法，我也认为主推产品越多越好。”

销售导师转过头，看着赵亮，赵亮说：“其实主推产品不是越多越好，虽然我说不出更多的道理，但是我的确有因为主推产品多而导致产品滞销的经历。”

听了赵亮的话，大家把目光都集中在销售导师的身上，销售导师说：“营业厅的主推产品不需要太多，而且所有的主推产品需要是同一个系列的。这样做的目的有两个，第一，营业厅可以精心地准备主推产品的相关服务；第二，顾客可以直接地接触和了解主推产品。”

营业厅盈利法则：

主推产品要突出“主”的特色，产品不能够混杂在一起，“主”次不分。

销售导师接着说：“主推产品绝对不是越多越好，而是越单一越好。简单地说，主推产品要在特色、性能、质量上保持高度的统一。比如：现阶段你的营业厅在主推双卡手机，那么所有的主推手机都必须具有双卡的特点和功能。只有这样，顾客才能第一时间明确是否需要主推产品，或者需要购买其他产品。同时，要想让营业厅销售员成为产品专家，主推产品就必须单一。道理非常简单，任何人的精力都是有限的，单一的主推产品更方便销售员学习以及推荐给顾客。”

学员丁提出问题，说：“单一的主推产品，会不会让顾客认为营业厅的经营实力不足呢？”

销售导师回答说：“不会的，主推产品必须要突出推荐，如果顾客不需要，营业厅销售员可以推荐其他产品，只要你的营业厅够专业、够专注，顾客就会知道营业厅的实力。俗语说‘贪多嚼不烂’，对于营业厅经营也是一样的道理。”

营业厅盈利法则：

主推产品必须是营业厅的主力产品，这样顾客才会知道营业厅的真正实力。

销售导师：“主推产品不是随便设立的，能够体现营业厅实力和形象的产品，才能够成为主推产品，因此在选择主推产品的时候，一定要做到‘少而精’，千万不要大面积地、不分主次地推出产品，这样做才会让顾客认为营业厅的经营实力不足。”

俞月在笔记本上记录：“主推产品是营业厅实力的代表，因此不仅要少，而且要精。同时营业厅销售员对于主推产品的把握，一定要超过对营业厅其他产品的把握。”

主推设置：有钱赚，有人买

俞月向销售导师提出问题，说：“导师，营业厅的主推产品究竟要如何设置呢？”

赵亮也提出同样的问题，说：“是啊！我经常会因为主推产品设置不当而做赔本的生意。”

其他学员们也纷纷就这个问题表达自己的困惑和观点，销售导师非常耐心地听学员们说完，然后他说：“实际上，主推产品的设置非常简单，主要有两个原则：第一个原则是营业厅有钱赚；第二个原则是产品有人买。”

营业厅盈利法则：

主推产品一定是营业厅最赚钱的，也是顾客最需要的。

销售导师说：“确定主推产品有四个非常重要的原则。原则一，主推产品是营业厅营业额最高的。经过一段时间的营业之后，作为营业厅的经营者，你需要从每一天的营业额当中，选择出一个或者几个营业额最高的产品，这些产品都是主推产品的候选产品。

“原则二，主推产品是营业厅人气最旺的。营业厅近阶段最有人气的产品，也是主推产品的条件之一。也许最具人气的产品不是营业额最高的，但是由于它非常受到顾客欢迎，因此你也必须要将这些人气旺的产品考虑在主推产品的行列中。

“原则三，主推产品是当前市场最需要的。市场能够决定营业厅的盈利，因此主推产品不能脱离市场的需求。因此营业厅的主推产品必须具备当前市场所需要的各种条件，才能够在最大程度上满足顾客对主推产品的需求。

“原则四，主推产品是最具营业厅特色的。营业厅的主推产品必须要有营业厅自身的特色，让顾客一看就知道，这是你的营业厅产品。在设定主推产品的时候，你必须要找到产品与众不同的地方，用同类型营业厅没用过的角度来宣传主推产品。这四个原则必须合而为一，并且要做到缺一不可。”

营业厅盈利法则：

主推产品的设置，就是要满足市场和目标顾客的需求。

销售导师：“在设置主推产品的时候，你需要综合考虑以上四个原则，人气旺代表着顾客喜欢，而顾客的喜欢就是营业厅的指南针，销售额高就代表着能够赚钱，而不赚钱的营业厅是无法持续经营的，所以，你必须要记住，主推产品一是要赚钱，二是要卖得出去。”

俞月在笔记本上记录：“主推产品必须是营业厅最赚钱的、也是人气最旺的产品，同时也要满足目标顾客的时尚要求，不能够太保守、太落后。”

下课之后，赵亮对俞月说：“你比我有福气，我要是早听了销售导师的课，我的营业厅一定要比现在赚钱。”

18 优化产品结构

增：补充缺失的产品，不只有主角，还有配角

销售导师对大家说："营业厅除了主推产品之外，你们还要考虑其他产品的结构，不断优化产品结构，你的营业厅才能够走上正轨。现在，关于如何优化产品结构，大家都说一说吧！"

学员甲说："我觉得产品结构不用刻意优化，只要听市场和顾客的就可以了。"

学员乙说："我不同意你的观点，产品结构还是需要优化的，增加一些质量好、价格低的产品，还是有利于营业厅经营的。"

学员丙说："我觉得只要保证主推产品不缺货，就完全可以了。"

学员丁说："主推产品之外，还是要保证其他产品的供应吧？"

这一次，俞月和赵亮都认真地听取并记录其他学员的意见，并没有急着发表自己的意见。学员们都发表了意见之后，销售导师说："优化营业厅的产品结构是非常有必要的，而第一步就是要适度地增加产品，不仅要补充主推产品，也要补充次要产品。"

营业厅盈利法则：

产品结构必须优化，不仅要优化主推产品，也要优化次要产品。

销售导师继续说："一家营业厅的经营就像一场舞台剧一样，要有主角，也要有配角。你们看过只有主角没有配角的戏剧吗？对于营业厅来说，主推产品和次要产品都同等的主要，最好不要出现短缺的情况。"

这个时候，俞月提出自己的问题，她说："但是主推产品和次要产品的比例我要如何把握呢？"

销售导师又表扬了俞月，然后说："主推产品需要随时补充，如果有条件，主推产品还要保持一定的库存量，而次要产品需要你仔细分析整个经销过程，看一看是否要继续补充同样的产品，还是要补充一些新的产品。总而言之，优化产品结构的第一步就是要'增'，在补充主推产品的同时，也要进一步地优化次要产品的配比率。作为营业厅经营者，你的工作就是要保证产品结构是最合理的。在戏剧舞台上，只有主角和配角配合默契，戏剧才是最精彩的。同样的道理，在经营营业厅上，只有主推产品和次要产品的结构合理，你的营业厅才会是最赚钱的。"

营业厅盈利法则：

主推产品和次要产品结构合理，营业厅才能够赢得更多的利润。

俞月在笔记本上记录："优化产品结构第一步'增'，不仅要有主推产品，还要有次要产品，因为只有‘主’‘次’的结构和分配都合理，营业厅的盈利才能够步步高升。这节课我还学会了听取其他人的意见，不急于表达自己。”

减：减掉有损营业厅定位的产品

销售导师说：“营业厅优化产品结构的第二步是‘减’，营业厅为什么要减产品呢？或者说减什么样的产品呢？大家说一说自己的看法吧！”

俞月和赵亮听了其他学员们的看法之后，赵亮说：“我觉得大家说得都对，可是我还是不知道应该怎么‘减’营业厅的产品。”

俞月也说：“虽然大家说的都很有道理，但是我还是挺糊涂的。”

销售导师微笑着说：“大家说的都有道理，实际上，从营业厅的经营角度看，要‘减’的产品其实就是不符合营业厅定位的产品，因为这样的产品会影响营业厅的形象，也会影响营业厅在顾客心中的位置。”

> **营业厅盈利法则：**
>
> 营业厅必须要保持自身的品位，因此不符合营业厅品位的产品，就必须要减掉。

销售导师接着说：“要想让营业厅中的产品最优化，你就必须要遵守以下四个原则。第一，产品定位与营业厅定位相符合原则。营业厅定位之后，所有的产品就必须要符合营业厅的定位，只有产品和定位互相结合，营业厅的经营才能稳步发展，并且获得相应的利润。

“第二，产品随时淘汰原则。随着营业厅的发展，营业厅的定位会产生一定的变化，致使原本符合的产品变得不符合营业厅的定位，因此作为营业厅的经营者，你必须要随时淘汰那些不符合定位的产品，绝对不能够有丝毫的犹豫。

“第三，检查更新营业厅定位原则。营业厅的定位必须要精准，因此你要时刻关注市场和顾客的需求，调整营业厅的定位，以便能够更好地适应市场。有些营业厅经营者认为，营业厅定位是一成不变的，这样的观念是错误的，在实际的操作中，营业厅的大方向定位是不变的，但是其中的细节必须要及时调整。

“第四，产品检查监督原则。对于营业厅的所有产品，你必须要坚持检查监督的原则，因为产品一旦失去了检查监督，就有可能会发生一些意外状况，甚至会直接影响到营业厅的形象以及顾客对营业厅的信任。”

营业厅盈利法则：

产品不仅要能够提升顾客对营业厅的形象，而且更能够赢得顾客对营业厅的信任。

销售导师继续说：“总而言之，在优化营业厅的产品结构时，营业厅要做到该增的时候增，该减的时候减，不能因为产品的短期利润而损害了营业厅的长期效益。”

俞月在笔记本上记录：“减掉对营业厅定位有损害的产品，不仅是为了优化产品结构，更是为了维护顾客对营业厅的信任。”

A+B 产品组合：让客户群变大

俞月问销售导师，说：“导师，我在优化了产品结构之后，还要做什么工作呢？”

赵亮举手想要回答这个问题，销售导师示意他可以回答，赵亮说："产品结构优化之后，当然是卖产品了，卖出越多的产品，营业厅的利润就会越多。"

俞月对赵亮说："但是，我的营业厅不仅是为了利润，还要考虑长期效益的。"

赵亮说："这两个问题并不矛盾啊！"

销售导师摆了摆手，说："俞月的问题我明白了，赵亮的说法也没有错，只是不够完整。在优化了营业厅的产品结构之后，作为经营者，你的重点工作就是要扩大客户群，让更多的客户成为你的目标顾客。"

营业厅盈利法则：

产品的优化是为了吸引更多的客户，让营业厅赢得更多的持续效益。

销售导师说："扩大客户群的最好办法就是把产品有效地结合起来，运用 A 产品 +B 产品的模式，吸引更多的客户与营业厅达成交易。简单地说，A+B 的产品组合，一方面能够满足顾客'物美价廉'的消费需求，另一方面也能够盘活营业厅内部的全部产品。

"那么，A+B 的产品组合，在实际的操作中要如何实现呢？有三种非常实用的方法，可以提供给大家作为参考。第一，相关产品的组合。把营业厅内关系密切的产品进行组合，比如：手机和电话卡优惠、话费和手机优惠等。这样的组合能够一次性解决顾客购物的两个以上的需求，顾客就会觉得物有所值。

"第二，功能不同产品的组合。功能不同的产品也可以组合起来，比如：手机和充电宝、充电插头和手机贴膜等，功能不同的产品组合不仅能够满足顾客的多种需求，而且也能够让营业厅的产品流通起来，使营业厅有更多的空位置接纳更多更好的产品。

"第三，主推和次要产品的组合。营业厅中的主推产品和次要产品组合起来，一方面能够让顾客得到最大程度的优惠，还能够让不需要主推产品的顾客，为了要购买次要产品，而选择购买产品组合。实际上，产品组合给了顾客两种选择，无论顾客怎么选择，都会得到最优惠的价格，而营业厅也能够赢得更多的客户群。"

营业厅盈利法则：

A+B 的产品组合绝对不是捆绑销售，而是基于顾客需求的基础上，给予顾客的最大优惠。

俞月在笔记本上记录："A+B 的产品组合在让利给顾客的同时，也能够让营业厅得到利润，这是一种双赢的产品结构组合。在实际的操作中，一定要记住多站在顾客的角度考虑组合的产品，不要让顾客产生捆绑销售的感觉。"

Chapter 5

团队管理：营业厅持续盈利的根基

销售导师的第三堂课讲的是团队管理。对于任何一个营业厅经营者来说，优质的团队是营业厅持续盈利的基础。如果你无法正确地建立并领导一个团队，那么你的营业厅一定没有办法进行长期有效的经营。

19 营业厅团队成员角色定位

店长：协调者、凝聚者、推进者、培训者

销售导师："要想建立优质的团队，就必须要让团队中的每一个人都认同自己的角色定位，同时你也有责任帮助团队成员，真正地认同自己的角色，学会行使角色的权力，懂得承担角色的责任。"

俞月问销售导师："团队成员的角色定位是成员决定的，还是由我来决定呢？"

赵亮举起手，问："作为营业厅的经营者，我在团队中是什么角色呢？"

> **营业厅盈利法则：**
>
> 角色的定位是建设团队的第一个要素。

销售导师："团队中的角色定位既是你决定的，也是由成员各自能力决定的，而作为经营者，你是这个团队中绝对的领导者。今天我要讲的是营业厅的店长在团队中的角色。店长在团队中首先是协调者和凝聚者，店长的职责是协调团队成员之间的关系，保证团队能够顺利地完成各项工作任务，同时店长是整个团队的核心，他的责任是要将团队成员凝聚在一起，使之互相合作，共同进步。

“其次，店长还是团队中的推进者和培训者。在完成工作项目时，店长必须有周密的工作计划，在不同的阶段，适时适度地推进工作的进程，使工作项目得以顺利完成。此外，店长还是其他团队成员的培训者，负责培训员工的各项技能和专业知识。”

> **营业厅盈利法则：**
>
> 确立店长在团队中的位置，同时让店长成为真正的协调者、凝聚者、推进者、培训者。

赵亮：“我知道我的店长们为什么无法进入角色了，因为我这个领导者的推动力不足。”

俞月在笔记本上记录：“店长是一个团队中的核心人物，因此要对店长进行重点培训，使店长能够尽快地进入角色，并且承担起建设团队的重大责任。”

营业员：实干者、信息传递者、技术专家

赵亮对销售导师说：“昨天，我的营业厅有一个营业员对我说‘我干了很多的工作，为什么拿很少的钱呢’？我说‘是你的角色决定的’。她说‘我是什么角色啊’？我就不知道要如何回答了。”

俞月对赵亮说：“其实你应该对她说，‘如果你是店长，你会挣更多的钱’。”

销售导师笑了笑，然后说：“赵亮，你应该问那个营业员‘你究竟做了什么工作，你认为自己应该拿多少钱呢’？这样一问，就可以让她来回答自己的问题了。”

营业厅盈利法则：

营业员不是团队中的配角，而是实干者、信息传递者、技术专家。

销售导师继续说：“现在我来回答赵亮的问题，营业员的角色首先是实干者。因为营业员总是工作在第一线，他们干的活最多，同时他们也是营业厅最辛苦的工作人员。如果没有实干的营业员，营业厅就无法顺利地进行经营，更不要说赚钱了。

“其次营业员是信息传递者。因为营业员与客户的接触和交流最为直接，营业员既能将营业厅的信息传递给客户，也能收集客户的信息，以此来加强营业厅对客户的信息管理。

“最后营业员也是技术专家。对于客户来说，营业员就是他们的技术专家，因此营业员必须要对专业知识和技能了如指掌。作为营业厅的经营者，把营业员培养成技术专家，也是你的最主要工作之一。”

营业厅盈利法则：

营业员总是在第一线工作，因此他们在团队中是主角。

赵亮对销售导师说：“看来我对营业员的角色认识不足，我一直觉得营业员不是很重要，结果他们还是团队中的主角，更是为团队添砖加瓦的人。”

俞月也说："营业员在团队中是第一线的战斗部队，因此要提高营业员的待遇以及他们在团队中的地位。不过，也要让营业员清楚，只有承担了角色的责任，才能够享受角色的待遇，否则赚钱少了，也是他们自己的问题，而不是营业厅的问题。"

库房人员、收银员：实干者

俞月："团队中还需要什么角色呢？"

销售导师："团队中最需要的就是实干者，而营业厅中的库房人员和收银员，都是与营业员一样的实干者。对待实干者，团队一方面需要给予更多的发展机会；另一方面也需要尊重这些实干者，让他们体会到来自营业厅的重视。"

赵亮："实际上，如果团队中的实干者多了，而且能够各司其职，那么营业厅一定会发展得越来越好的。"

> **营业厅盈利法则：**
>
> 库房人员和收银员都有自己的职责，同时他们也是团队中的实干者。

销售导师："有些营业厅经营者，会更看重团队中的核心人员——店长，或者是更注重对营业员的培训，但是对于库房人员和收银员，则认为只要他们工作不出差错就可以了，而忽视了对库房人员和收银员的培训和激励。这种做法是非常错误的。对于库房人员和收银员，团队要定期地进行培训，并且让他们清楚，他们是团队中的一分子，应该为团队的建设贡献力量。与此同时，团队也要给予库房人员和收银员公平、尊重，使库房人员和收银员能够更好地融入团队中。”

营业厅盈利法则：

认同角色并承担角色的责任，对于团队建设来说非常关键。

俞月在笔记本上记录：“库房人员和收银员都是团队的一分子，他们都是第一线的实干者，因此团队要给予他们足够的尊重和待遇。作为营业厅的经营者，要将各部门的成员团队起来，使他们认同角色，并且承担起角色的责任。”

下课之后，赵亮对俞月说：“从团队的角色定位来看，每一个团队成员都是非常重要的，看来我要加强自己对团队的建设和领导，让我的团队更具有竞争力。”

俞月说：“我也才知道，原来营业厅员工都有自己的角色定位，连我也在团队中担任角色。这样看来，营业厅就像一个大舞台。我觉得很有意思。”

20 团队成立期：团队领导 = 牧师

成立期的团队特点

销售导师说："从这一节课开始，我要讲关于团队建设的一系列课程。第一讲：团队成立期；第二讲：团队动荡期；第三讲：团队稳定期；第四讲：团队高产期。现在我开始讲第一讲：团队成立期。首先要讲的是团队成立期的特点。"

赵亮举手提问，说："导师，营业厅经营者在团队成立期是怎样的角色定位呢？"

销售导师耐心地回答说："在团队成立期的时候，你就是牧师。"销售导师的话引起了学员们的笑声，销售导师继续说："团队领导在成立期就是牧师，因为你要向每一个团队成员'布道'。"

> **营业厅盈利法则：**
>
> 成立期的团队还不是很成熟，因此团队领导要做好牧师的工作。

销售导师说："成立期的团队，主要有三个特点：第一个特点是团队成员都充满了工作激情。成立期的时候，团队成员对未来充满了憧憬，而且工作激情都非常的饱满。

“第二个特点是精神上非常兴奋。刚到一个新的环境中，团队每一个成员都会非常兴奋，有对新工作的期待，也有对新环境、新同事的好奇。

“第三个特点是内心充满困惑。因为在一个相对陌生的环境里，所以团队成员的内心难免会充满困惑，且不知道如何排解。

“作为团队领导者，针对以上三个问题，你必须要对症下药，一方面要抑制团队成员过度兴奋的精神，并且将成员的兴奋和激情转化为工作的动力；另一方面也要尽快地消除团队成员内心的不安和困惑，使他们能够更加顺利地融入团队中。”

营业厅盈利法则：

把兴奋和激情转变成工作的热情，让不安和困惑快速消失，你的团队就可以开始进行磨合了。

俞月在笔记本上记录：“成立期的团队是不成熟、不稳定的，因此作为领导者，不仅要有足够的耐心，也要具备一定程度的决断能力。只有这样，我才能够将团队成员更快地融合在一起。”

分享愿景，宣布团队的期望

俞月问销售导师，说：“导师，有没有一种办法，能够让团队成员之间更快地拥有默契呢？”

赵亮也问：“是啊！怎么样才能够让不是很熟悉的团队成员间，快速建立信任呢？”

销售导师笑了，说："你们俩的进步都非常大，已经学会运用团队领导的方式思考了。其实回答你们俩的问题只用四个字就可以了，就是'分享愿景'。"

营业厅盈利法则：

给团队一个共同的期望，让团队成员之间可以互相分享愿景。

销售导师继续说："成立期的团队需要一个共同的目标，这个目标就是团队的未来愿景。在分享愿景的时候，你要把愿景从个人的希望转变成整个团队的期望。简单说，你要分三步走。第一步，让团队成员清楚你的愿景。把你的愿景形成系统而通俗的语言，说给你的团队成员听。你需要将愿景做详细的描述，让团队成员在脑海中形成画面感，这样的愿景分享才是最有效的。

"第二步，把你的愿景转变成团队的期望。将你的愿景分享之后，你就要针对团队成员的不同性格和背景，进行愿景的转变工作。把你的愿景转变成团队每一个成员的愿景，然后再将大家的愿景都综合在一起，形成团队统一的未来期望。

"第三步，激励团队成员完成共同的愿景。你的工作就是把团队的每一个成员都放在愿景中，并且根据成员的不同能力和特点，将他们安排在合适的位置上，然后激励团队成员，为实现未来团队的共同愿景而努力工作。有了共同愿景的团队成员，就跨越了团队成立期最难的难关。"

营业厅盈利法则：

拥有共同目标之后，团队成员才会真正为实现共同目标而努力。

俞月在笔记本上记录："愿景就是要让团队成员知道，我们之间有非常关键的共同点。而且在共同的愿景当中，每一个成员都有自己的工作要完成，每一个成员都有自己的位置，每一个成员都与愿景有着密不可分的关系。"

点燃员工对销售的激情并设法保持

销售导师提出问题，说："营业厅员工最主要的工作是什么？"

赵亮说："卖出产品，为营业厅创造利润。"

俞月说："每一个员工的主要工作都不一样吧？"

销售导师说："营业厅员工最主要的工作就是销售。所以作为团队的领导，你要想法设法点燃员工对销售工作的热情，而且还要用一些手段来保持员工的销售热情。"

营业厅盈利法则：

销售的热情不仅员工需要，团队领导更需要。

销售导师继续说："准确地说，你要用自己的销售热情点燃团队成员的销售热情，进而让团队成员清楚，销售对营业厅、团队以及个人的真实含义。首先，你要告诉团队成员，为什么要做销售？销售不是在卖产品，而是在向客户推荐好的产品，满足客户对产品的需求。

“其次，你要培养团队成员的销售技能。做销售的时候不要自说自话，必须要与客户进行不间断的沟通，在弄清客户的需求时，要向其提供自己的专业知识，为客户排忧解难。

“最后，你要让团队成员明白销售的真正意义。当客户有需求而无法得到满足的时候，客户的生活质量一定受到影响，那么销售员的工作就是要尽可能地满足客户的需求，为提高客户的生活水平而努力。这也是销售员的价值所在。”

营业厅盈利法则：

销售不是单纯的赚钱方式，而是在传递好的产品以及优质的生活。

俞月问销售导师：“一切热情都非常容易消失，我要如何保持团队成员的销售热情呢？”

销售导师回答，说：“保持团队成员销售热情的方法很多，你要根据自己团队的特点来制定，其中你需要注意两点。第一，适可而止。不要急于求成，不要不断地对团队成员说一些关于销售的事情，这样很容易让团队成员产生逆反心理。第二，张弛有度。不要总是紧绷神经，该放松的时候一定要放松。因为除了不断鼓劲之外，还有一种点燃和保持的方法叫作‘以身作则’。”

制定好营业厅团队管理的规则

赵亮问销售导师，说：“导师，我的团队建设总是开始的时候很顺利，但是随着团队的成立，成员之间会出现越来越多的矛盾和摩擦，我真的是疲于应付啊！”

俞月也说：“对啊！只要有人的地方就会有矛盾、有冲突，我要怎么处理呢？”

销售导师思考了一下，说：“任何情况下，以人管理人总是会有解决不了的矛盾，因此你要学会用制度来管理人，这样才能够避免很多人与人之间的问题。作为团队领导，你要制定一套团队管理规则，并且让每一位团队成员都按照管理规则执行到位。”

营业厅盈利法则：

团队管理规则的制定是非常重要的，因为它是团队每一个成员的行为和工作标准。

销售导师说：“制定团队管理规则，你需要从三个方面进行。第一，团队成员必须要遵守的工作规则。团队成员要如何工作，在工作中遇到问题的解决流程，都要在管理规则中进行明文规定。如此一来，任何矛盾和问题都能够找到责任人，也可以用管理规则制约一些不良的工作习惯。

“第二，团队成员必须要遵守的行为准则。在工作的过程中，团队成员的个人行为一定要服从组织的需要，不能够任性而为。因此，你要在管理规则中，对团队成员的行为进行规范。只有这样，当遇到因为团队成员不规范的行为引起的矛盾和问题的时候，你就可以按照管理规则来解决这一类的矛盾和问题。

“第三，奖罚制度。对于人的约束一定要有严格的奖罚制度，同时作为团队领导，你要严格地执行奖罚制度，做到在奖罚制度面前人人平等，不让任何一个员工享受特殊待遇。只有这样，团队人员才会对奖罚制度心有畏惧，你才能够达到规范和管理员工的目的。”

> **营业厅盈利法则：**
>
> 在制定团队管理规则的时候要严谨，在执行团队管理规则的时候要严格。

为团队成员提供及时有效的帮助

俞月问销售导师，说：“如何才能凝聚团队成员呢？如何让团队成员明白，他们每一个人都是团队的一分子，并且愿意为团队建设贡献力量呢？”

赵亮也说：“是啊！导师，要把性格和背景都不同的人凝聚在一起，真的是太难了。”

销售导师点头，表示同意赵亮的看法，他喝了一口水，然后说：“团队成员的性格各有不同，要想让不同的性格人在一起为一个共同目标工作，的确不是一件非常容易的事情。作为团队领导，你首先要让团队成员知道，当他们有困难的时候，团队是会帮助他们走出困境的，这样做的目的就是为了让团队成员对团队产生归属感。”

> **营业厅盈利法则：**
>
> 让团队成员意识到，他们有任何困难都可以得到团队的帮助，这样他们才会把团队当成“家”。

销售导师继续说：“作为团队领导，你要做好领导应该做的工作。第一，你要随时关注团队成员的动向，做到对团队成员的工作和表现了如指掌，以便能够适时地给予有效的帮助。

“第二，你要成为团队成员最好的朋友，让他们都愿意找你说心里话，如此一来，你就可以加深对每一个团队成员的了解，在他们遇到困难或者需要帮助的时候，你就可以及时为他们提供有效的帮助。

“第三，在为团队成员提供帮助的时候，不要过度地表现自己，有些团队领导只要帮助了团队成员，就会告诉其他的所有成员，最终导致的结果就是每一个成员都不愿意接受你的帮助了。在帮助团队成员的时候，你需要做到这两点：帮助要及时有效；帮助要低调到位。”

营业厅盈利法则：

为团队成员提供帮助的时候，你要懂得如何调动其他成员，与你一起提供帮助。

俞月在笔记本上记录：“作为团队领导，首先我必须要为有需要的团队成员提供帮助，然后再鼓励其他团队成员为其提供帮助，如此一来，团队之间就会形成互帮互助的和谐气氛。”

21 团队动荡期：团队领导 = 教师

动荡期的团队特点

销售导师说："今天我开始讲团队建设的第二讲：团队的动荡期。简单地说，团队的动荡期是指团队成立期过后，团队成员之间消除了陌生感，但是亲密度还非常有限的时候。这个时期是团队最艰难的时期，团队成员的心理会变得非常敏感、脆弱，甚至表现得非常不合作，想要脱离团队。"

赵亮问销售导师，说："我经历过这个时期，非常非常难，我觉得自己都快坚持不下去了。导师，在动荡期的时候，我是什么角色定位呢？"

销售导师对赵亮说："我非常理解你的感受，很多团队领导都对动荡期的团队显得束手无策，不过在这一讲中，我会和大家一起，探讨出更好的应对方法。我现在就回答你的问题，作为领导者，你在团队动荡期的时候，角色定位是教师。"

> **营业厅盈利法则：**
>
> 团队动荡期考验的不仅是团队领导的领导能力，而且也考验团队每一位成员的心理素质。

销售导师说："要想承担做教师的责任，你就必须要知道团队在动荡期的时候，都有哪些特点，你才能对症下药，有的放矢地进一步建设团队。第一个特点：士气开始低落，现实和梦想拉开了距离。经过成立期的兴奋与激情，团队成员开始面对实实在在的工作，有些成员会出现无法胜任的感觉。

"第二个特点：整体都很迷茫，不知道团队要何去何从。忽然之间就开始怀疑团队的一切，大多数的团队成员都会感觉很迷茫，不知道团队今后要如何发展，甚至有人萌生去意。

"第三个特点：团队成员之间矛盾加深，开始争权夺利。团队成员之间的矛盾加深，尤其是能力比较强的成员之间，开始争权夺利的战斗，同时会出现互相猜忌、互相拆台等不良行为。"

营业厅盈利法则：

动荡期的成员从心理到行为都会出现严重问题，你是团队领导，所以你必须面对并设法解决。

找准员工心理冲突的根源，并帮助分析

俞月对销售导师说："听完您讲的动荡期团队的特点，我觉得这个团队立刻就要解体了，我都快没有信心了。"

赵亮也说："其实团队成员在动荡期的表现真的很让我失望，我不知道应该从哪里做起，才能够改善团队的现状。"

销售导师微笑着说："作为团队领导，越是在团队困难的时候，你越要坚定信心，尤其是在动荡期里，你要记住你的角色是教师，所以你慢慢引导每一个团队成员走出困境。"

营业厅盈利法则：

所谓领导就是要在所有人都失去信心的时候，带领大家走出困境，走向最光明的未来。

销售导师说："团队在动荡期的时候，最危险的就是团队成员的心理状态，所以你要及时了解每一个团队成员的心理状态，以便可以及时地帮助团队成员摆脱心理困扰。要想找到团队成员的心理冲突根源，你需要做好以下三点。第一，观察团队成员，注意其特殊的行为和动向。动荡期的时候，每一个团队成员的行为和表现都会超出常态，你必须要注意这些成员特殊的行为和动向。

"第二，适度接近团队成员，帮助团队成员梳理心理冲突。适时适度地接近团队成员，在不引起反感的情况下，与他们进行深度沟通，帮助他们用自身的力量梳理心理冲突，找到问题根源。同时你必须要成为团队成员的教师，教会他们正确地对待自身的心理障碍。

"第三，找到团队成员的心理冲突根源，同时帮助其分析解决。在寻找团队成员心理冲突根源的时候，你不要单打独斗，而是要鼓励更多的团队成员一起来寻找，这样做一方面可以帮助这个团队成员，另一方面也可以刺激其他团队成员正确地面对自己。通俗地说，大家都来帮助同一个团队成员，不仅可以更快地解决问题，而且可以增强团队的凝聚力。"

营业厅盈利法则：

你的责任不是为了帮助某一个团队成员，而是为了整个团队的建设。

鼓励员工参与营业厅的经营管理

销售导师提出问题，说："梳理并分析了团队成员的心理冲突根源之后，作为团队领导，接下来你要做什么工作呢？"

学员甲："当然是巩固工作成绩了，不能让员工的负面心理反复出现。"

学员乙："应该分散员工的注意力，不要把矛盾集中化。"

学员丙："多给员工一些能够实现的目标，鼓舞他们的士气。"

销售导师很认真地听着，而且习惯性地在记笔记，然后他抬起头说："你接下来的工作重点，就是要让团队的每一个成员，都参与到营业厅的经营管理中，让每一个成员都清楚，营业厅是你的，也是他们的。"

> **营业厅盈利法则：**
>
> 让员工参与营业厅的经营管理，达到我为营业厅、营业厅为我的管理目的。

销售导师："任何人都愿意自己做老板，而不愿意成为打工的人，那么你就必须要抓住团队成员的这个心理特点，鼓励团队成员积极地参与营业厅的经营管理，同时也要适度授权给他们，使他们能够真正对营业厅进行管理。从团队员工的角度来看，营业厅并不是他们的。如果你把所有的管理权和经营权都握在自己的手里，那么你的团队就如同虚设，没有任何现实的意义。你只有懂得放权和授权，才能够让团队成员觉得自己对营业厅是非常重要的，而营业厅也是非常愿意重用他们，这才是你建设团队的真正意义所在。"

> **营业厅盈利法则：**
>
> 每一个团队成员都需要获得认同，这种认同可以提高他们的工作积极性以及销售热情。

俞月在笔记本上记录："让团队成员切实地参与营业厅的经营管理，才能够让营业厅在市场中逐渐强大起来。同时我也要注意，不要打击团队成员的管理积极性，即使他们对经营管理不是很在行，但是我也要充分尊重他们参与经营管理的热情。"

建立公平公正的营业厅竞争环境

俞月向销售导师提出问题，说："团队成员之间不应该有竞争吗？团队的活力要如何保持呢？"

赵亮也说："团队成员之间的竞争问题，最让我感到头疼，有竞争就会破坏团队的团结气氛，没有竞争则会让团队死气沉沉。"

销售导师认真听完两个人的话，然后说："团队成员之间一定要有竞争，而且这种竞争关系绝对不是以你的意识为转移点的，作为团队领导，你能够做的就是让竞争更加公平公正。"

> **营业厅盈利法则：**
>
> 只有良性竞争才是营业厅的福音，才能够让团队成员和谐共处。

销售导师："要想在你的营业厅中建立良性的竞争机制，你就必须要做好三项工作。第一，用制度来保障竞争的公平公正。要想保证团队内部的良性竞争，你要用制度来管理竞争，要注意，在执行竞争制度的时候，千万不能发生因为人情就偏废了制度的情况。

“第二，让团队每一个成员学会良性竞争。将良性竞争的意义和益处，深入到每一个团队成员的内心当中，使团队成员能够自然而然地进行良性竞争，而当所有人都鄙视不良竞争的时候，营业厅内部的竞争环境才能真正做到公平公正。

“第三，对于恶意的不良竞争者，必须要严肃处理。团队成员中，总会出现个别不遵守竞争制度的人，对于恶意的不良竞争者，作为团队领导，你一定要及时而严肃地处理，而且要将处理的结果公之于众，让团队中的其他成员都认识到恶意的不良竞争不仅危害了自身的利益，更会危害了团队和营业厅的利益。”

营业厅盈利法则：

不要让恶意的不良竞争在团队中有任何一丝一毫的生存空间，必须要快速、干净地处理好。

为员工提供更实际的技能培训

销售导师提出问题，说：“要想治好团队动荡期成员的心理障碍，作为团队领导，你需要做哪些具体的工作呢？”

学员们开始讨论销售导师的问题，说什么的都有，有的学员说：“找他们谈心，让他们安心本职工作。”有的学员说：“给他们安排更多的工作，让他们没有时间胡思乱想。”有的学员甚至说：“招聘新员工，代替那些有心理障碍的老员工。”

销售导师看着一脸迷惑的俞月，问她，“你觉得你应该怎么做呢？”

俞月说：“我会想办法提高他们的心理素质，同时也提高他们的工作能力。”

销售导师对俞月点头，说：“俞月的思考方向是完全正确的。实际上，具体的工作非常简单，就是让员工参与更多更实际的职业技能培训。”

> **营业厅盈利法则：**
>
> 技能培训越接地气越好，最好能够让员工一边实际操作，一边接受具体而系统的培训。

销售导师说：“要想让营业厅的培训更加贴近员工的需求，你必须要做好三项工作。第一，了解员工真实的工作状态，找准他们最需要的技能进行培训。只有这样，你所提供的技能培训，才能够和员工的需求相吻合，才能让员工更愿意参加技能培训。

“第二，培训技能的过程一定要和实际操作相结合。作为团队领导，你所提供的技能培训不能与实际工作没有任何联系，最好的技能培训就是能够及时地解决实际工作中的问题，同时能让员工切实在技能培训中，获得自己想要的知识和能力。

“第三，将技能培训制度化和系统化。营业厅的技能培训忌讳不定期、不系统，如果员工的学习情绪刚刚被调动起来，培训就终止了，这样非常打击员工参加培训的积极性。因此，营业厅的培训必须要制度化、系统化。”

> **营业厅盈利法则：**
>
> 通过实际的技能培训，员工不仅能够掌握更多的职业技能，而且也能够提高自己整体的竞争实力。

建立合理的考核办法和机制

赵亮对销售导师说："分析了心理，参与了管理，懂得了竞争，获得了技能，接下来我的工作是什么呢？"

俞月忍不住笑了，她不好意思地对销售导师说："赵亮总结得真有意思，也挺形象的，所以我才笑的。"

销售导师也笑了，说："这说明赵亮是认真听课了，至于接下来的工作就是考核了。综合前面做的工作，你现在应该对你的团队进行考核了。"

> **营业厅盈利法则：**
>
> 考核办法和机制对营业厅很重要，没有考核，你就不知道你的努力和工作是否有效果。

销售导师说："作为团队领导，你要为你的团队建立合理的考核办法和机制，使每一个团队成员都能得到正确的对待，获得合理的发展平台。因此，你需要做好以下三点。第一，建立完整的考核办法。考核的办法对每一家营业厅都是不同的，因为需要考核的内容以及标准都是不同的。考核办法不仅要针对营业厅的特点，而且要选择真正能够展现员工实力的项目进行考核。

"第二，建立合理公平的考核机制。考核机制是针对营业厅所有员工的，因此考核必须要公平合理。简单地说，考核对于每一个员工都是非常重要的，因为考核能够体现员工在营业厅中的表现如何，所以，考核机制是营业厅所有员工必须尊重的制度。

"第三，把所有员工都纳入到考核机制中。考核时，所有员工都必须参加，不应该有特殊对待的员工。总而言之，考核的办法要严密，考核的机制要公平，只有这样，营业厅才能够通过考核发现人才，为员工提供发展的机会。”

营业厅盈利法则：

考核不仅是考察员工的技能和实力，而且也是考察团队领导的真实领导力。

俞月在笔记本上记录：“通过考核，我不仅要看到团队成员的真实实力，也要积极总结这一阶段的工作经验和工作效果，所以考核是这一阶段的工作总结，也是下一阶段的工作起点。”

22 团队稳定期：团队领导 = 蛋糕师

稳定期的团队特点

销售导师说："今天这一讲开始进入团队的稳定期，稳定期的团队往往呈现出团结、向上、彼此融合、彼此合作的良好团队气氛。当然，稳定期的团队也存在着一定的危机——团队成员之间，因为相互了解而产生了深厚的感情，而这些感情在一定程度上会影响工作，致使成员之间出现不再互相提意见，而是一味地盲目赞美的情况。"

俞月对销售导师说："团队成员之间的感情好，难道不是好事情吗？"

赵亮接过俞月的话说："在工作中，感情太好也会坏事的，所以要适可而止。"

销售导师说："我说的现象是存在的，作为团队的领导，你需要认真对待，并且要加以重视。那么在团队的稳定期里，团队领导是什么角色呢？是蛋糕师。"

营业厅盈利法则：

稳定期是团队的关键期，因为团队的文化、凝聚力、合作意识都在这个时期形成。

销售导师继续说："团队进入稳定期之后，会呈现出完全不同的状态和特点。第一个特点：团队成员之间开始了解、合作、信任。经过成立期和动荡期的磨合、调整，团队成员之间的距离开始缩短，在彼此了解的基础上，他们彼此之间多了一份信任，所以合作起来就更加顺利。

"第二个特点：每一个团队成员的工作技能都在提升。当团队成员的工作进入正轨，其工作技能也随之提升。稳定期的团队似乎可以让团队领导少操些心，但实际上，你绝对不能够放松对团队的管理。

"第三个特点：逐渐形成属于团队本身的特色。你的团队在稳定期会越来越规范，同时形成自己的工作流程，具备了其他团队不能比拟的特色。"

营业厅盈利法则：

稳定期的团队虽然比较成熟，但也会出现不少问题，因此你必须要时刻关注，但不要过多干预。

教做蛋糕：帮助员工快速成长

有学员向销售导师提出问题，说："我的团队成员总是非常依赖我，如果有一天我不到营业厅里，他们就不会工作了，什么问题都解决不了。导师，我该怎么样改善这种情况呢？"

销售导师没有直接回答问题，而是把这个问题抛给了其他的学员，他问："大家有没有遇到和这位学员一样的问题？你们都是怎么解决的呢？"

赵亮："我遇到过，没什么好办法，我只好一管到底，总不能不工作啊！"

学员甲："我也遇到过，我的解决办法是换了一个店长，但是效果不是很好。"

学员们继续发言和讨论，销售导师耐心地听着，并且记着笔记。等到学员们讨论声音越来越小的时候，销售导师抬起头，说："如果你是一个蛋糕师，你的店生意很好，接下来你要做什么工作呢？"

俞月立刻举起手，说："我知道，找一个好徒弟，然后把手艺交给他。"

营业厅盈利法则：

如果你每一个员工都会做蛋糕，那么营业厅的经营将会有一个质的飞跃。

销售导师笑着对俞月点头，然后说："俞月说得很对，教会你的员工做蛋糕，就是你在团队稳定期里必须做好的工作之一。要想让团队中的每一个成员都会做蛋糕，你要做好两项工作。第一，让团队成员明白独立工作的重要性。很多时候，不是员工不愿意独立工作，而是你没有告诉他们独立工作的重要性，所以员工会认为，听你的话进行工作是天经地义的事情。第二，锻炼团队成员独立工作的能力。尽量让员工独立完成工作，即使他们的能力还无法达到你的要求，你也不要过多干预，让员工在独立工作的过程中，锻炼自己的专业技能和职业素质。请记住，如果团队领导凡事都亲力亲为，那么团队成员只能是无能的。"

营业厅盈利法则：

员工越是独立，工作能力就会提高得越快，员工的成长才会更加扎实。

分配蛋糕：创造并维持规范的流程和制度

俞月问销售导师，说："导师，对于团队来说，是不是应该有属于自身的流程和制度呢？"

销售导师回答说："的确是这样，在经过做大蛋糕、教会员工做蛋糕之后，作为团队领导，你要开始分配蛋糕了。要想让蛋糕分配得合理公平，你就必须要创造并维持规范的流程和制度，并且要让团队的每一个成员都严格遵守，如此一来，你的蛋糕才能够合理公平地分配给每一个团队成员。"

> **营业厅盈利法则：**
>
> 团队领导必须要创造更加完整的团队，因此必须有统一的、规范的流程和制度。

赵亮问销售导师，说："规范的流程和制度不是已经建立了吗？为什么还要强调呢？"

销售导师说："要想建设优质的团队，你就必须为团队做好每一个细节，规范的流程和制度虽然在营业厅中已经建立起来，但是还要根据团队的特点加以改进和调整。接下来你的工作就更加艰巨了，你要维持所有的流程和制度，使这些流程和制度成为团队每一个成员的行为、思想准则。

"在创造和维护规范的流程和制度的时候，你要注意两个方面的问题。第一个方面是针对团队成员的。作为团队领导，你要让流程和制度深入人心，使每一个团队成员在认同的基础上，共同来维持，这样的效果才是你要达到的最终目的。

"第二个方面是针对团队领导的。作为团队领导，你既是这些流程和制度的创造者，更是最主要的维护者，如果你连自己创造的流程和制度都不遵守，团队成员就更不会遵守了。”

> **营业厅盈利法则：**
>
> 规范的流程和制度是团队的命脉，任何人包括你自己，都必须要严格遵守。

俞月在笔记本上记录：“分蛋糕的合理和公平，全部来源于规范的流程和制度，同时，对于流程和制度的维持，也是我必须要做好的工作。在团队成员的心目中，我既是创造流程和制度的人，也必须是最遵守流程和制度的人。”

做大蛋糕：迅速提升营业厅业绩并保持增长

俞月问销售导师，说：“团队都已经到了稳定期了，我是不是就可以不用那么辛苦了呢？”

销售导师笑了，说：“实际上，你的工作更多了，而且也会更加辛苦。”

赵亮问销售导师，说：“导师，我要做什么工作呢？”

销售导师回答：“你要做的就是把蛋糕做大，带领着你的团队迅速抢占市场份额，提高营业厅业绩的同时，还要找到长期保持增长的办法。”

> **营业厅盈利法则：**
>
> 团队稳定期的时候，你是蛋糕师，你的工作首先就是要做出一块大蛋糕。

销售导师说："所谓的做大蛋糕，就是要做大市场，营业厅的任何业绩都必须要从市场中获得，没有市场营业厅就不会有发展。并且你的团队建设到今天，内部的磨合已经基本完成，团队成员的能力也得到了一定锻炼，正是快速提高营业厅业绩的好时机。

"准确地说，只有团队进入了稳定期，作为团队的领导，你才有能力把蛋糕做大，让营业厅完全融入市场，与其他同类型营业厅进行正面的、激烈的竞争。从团队建设角度来说，你的团队也到了应该接受市场考验的阶段了，只有市场才是最有权威的主考官。"

营业厅盈利法则：

扩大营业厅的业务覆盖率，才是迅速提升业绩的最佳方法。

赵亮问销售导师，说："导师，现在的市场太有限了，即使我把蛋糕做大了，可是我怎么保证这一块蛋糕一直是我的呢？"

销售导师回答说："方法很简单，要让营业厅的业绩保持持续增长，你就必须要不断地把蛋糕做大，不仅要做大一块蛋糕，而且要做大很多块蛋糕。如此一来，即使市场有不测的情况发生，你也能从别的蛋糕中，获得持续的业绩增长率。"

俞月在笔记本上记录："扩大营业厅的业务覆盖率，发挥团队每一个成员的实际工作能力以及潜力，使营业厅在市场中找到真正的立足之地，同时拥有强大的竞争力。"

23 团队高产期：团队领导＝船长

高产期的团队特点

销售导师说：“在今天这一讲里，你的团队已经进入了高产期。高产期的团队开始拥有非常高的工作效率，已经具备了优质高效团队的条件和特点。”

赵亮问销售导师：“高产期的团队正是出成绩的时候，现在我的角色是什么呢？”

俞月也问：“导师，我要如何领导高产期的团队呢？”

销售导师微笑着说：“你们的问题我会一一解答的，现在我回答赵亮的问题。在高产期的团队里，作为团队领导，你的角色是船长，团队就是一艘已经起航远行的大船，而你是指挥这艘船的船长。”

营业厅盈利法则：

作为团队领导，在团队的高产期你不仅要继续提高团队工作效率，也要注意保持团队的高效率和积极性。

销售导师继续说："团队在进入高产期之后，逐渐呈现出新的特点。第一个特点：团队成员的职业技能多样化、成熟化，同时团队的信心也增加了。团队成员在工作中已经完全能够独立，而且各种专业技能也在不断提升，因此团队在完成工作的时候更加得心应手。

"第二个特点：标准流程减少了团队成员之间的摩擦和矛盾，而完整的制度促进了成员之间的沟通。高产期的团队各个方面都开始成熟，规范而标准的流程和制度，一方面保障了团队成员的利益，另一方面也使团队的合作、沟通、资源共享能够顺利进行。

"第三个特点：团队开始有了使命感和荣誉感。随着团队工作效率越来越高，团队成员的成就感和收益都会达到一定的高度，随之而来的就是团队整体逐渐有了使命感和荣誉感。"

营业厅盈利法则：

高产期的团队一切都是积极向上的，但是所有的流程和制度必须要严格执行。

俞月在笔记本上记录："团队进入高产期之后，我的角色转变为船长，要想做好船长，自己一定要把握正确的航向，不能让船出现偏离航线的危险。"

变革：随时更新工作方法和流程

赵亮向销售导师提出问题，说："当团队进入高产期之后，我经常会感觉不知道该做什么，因为员工都可以独立工作了，而且团队成员之间的默契已经达成，团队似乎已经不需要我了。导师，我该怎么办呢？"

有几个学员也纷纷表示，自己也曾经遇到过和赵亮同样的问题。销售导师笑着点头，表示他听明白赵亮的问题了，然后他说：“赵亮遇到的问题是非常普遍的，其实问题的症结就在于，你会认为团队成员不需要你了，而你却无法适应新的角色。”

营业厅盈利法则：

高产期的团队会自动运行，而作为团队领导，你必须要尽快地适应指挥员的角色。

销售导师继续说：“你要把自己的角色从亲力亲为者，转变为指挥者，不要凡事都管。作为指挥者，你要做好的第一个工作就是，更新团队的工作方法和流程。有些人会问，团队的工作方法和流程不是已经制定并执行了吗？是的，但是随时更新团队的工作方法和流程，并不是否定原有的工作方法和流程，而是随着团队不断地前进，你和团队都需要全新的、更加有效的工作方法和流程。

“简单地说，如果团队总是默守成规，团队成员就会逐渐失去斗志，变得畏首畏尾、不思进取。因此，你必须要用随时更新团队的工作方法和流程，激发并维持团队成员的工作热情和积极性。而随时更新也能够让团队与市场保持步调一致，不至于在激烈的竞争中打败仗。”

营业厅盈利法则：

随时更新调整，才能够充分地保持团队的活力以及充沛的创造力。

俞月在笔记本上记录："这是一个变革的时代，因此无论是团队还是个人，要想在竞争中保持不败，就必须要尽力维持自身的创造力。因此随时更新和调整团队的工作方法和流程，不仅能够保持团队成员的活跃度和积极性，也能够保持团队积极向上的气氛。"

和团队成员站在一起

有学员问销售导师，说："导师，您说我在团队高产期就是船长了，那么我是不是就可以不参与团队工作了呢？"

销售导师回答说："当然不是，难道船长就没有自己的工作吗？"

这位学员说："可是我见过的船长都很悠闲，有什么工作都让手下人做了。"

销售导师非常严肃地说："你是团队的领导，但你绝对不是成员们的长官和家长，无论在团队的任何时期，你都必须要和团队成员一起工作，只有这样，你才能不脱离团队，真正融入团队。"

> **营业厅盈利法则：**
>
> 作为团队领导，你与其他成员只是角色不同而已，实际上你必须让自己成为团队中不可分割的一分子。

销售导师继续说："如果你认为在团队高产期的时候，你就可以高枕无忧了，那么你就大错特错了。你可以换位思考一下，如果你是团队的普通成员，面对一个每天什么工作都不做，而且还指手画脚的领导，你会怎么看待这样的领导呢？

"大多数的团队成员都会看不起，甚至非常排斥这样的团队领导，还会对这个团队失去信心，最终会导致优秀的成员离开团队的严重后果。因此无论在任何情况下，你都必须要和自己的团队成员站在一起，一起承担责任，一起完成工作。

“只有这样，你和团队成员之间才会更加默契，你也才会成为他们的榜样。请记住，既然你是团队的领导，那么只有和团队在一起的时候，你才能体现出自己的领导价值。”

营业厅盈利法则：

团队领导和团队成员在一起工作，不仅能够掌握团队的最新动向，还能建立良好的合作关系。

俞月在笔记本上记录：“团队领导更应该参与团队的每一项工作，与团队成员在工作中建立的关系和情感，才是团队真正需要的深度链接。实际上，只有和团队成员在一起，我才能够成为真正的团队领导，否则，我能领导谁啊！”

通过承诺而非管制追求更好的结果

俞月问销售导师，说：“越是成熟的团队，越会出现一些很难管的团队成员，但这些难管的团队成员的工作能力都非常强，如果遇到这样的情况，我要如何解决呢？”

赵亮举起手，说：“我现在就遇到这种情况了，这个员工的能力非常强，而且各方面都非常优秀，只是喜欢和我对着干。”

有好几个学员都表示，他们也曾经或者正在遇到这样的问题。销售导师在耐心听的同时，还是在认真地记笔记。然后他抬起头说：“这种矛盾的造成是因为你的管理方式不对，不要总是用上级命令下属的态度与团队成员相处，而是要适度适时地给予他们一些承诺。”

营业厅盈利法则：

团队进入高产期，你的管理方式就要随之变化，多用人性化的承诺会得到更好的结果。

销售导师继续说：“进入高产期的团队，更需要团队领导的鼓励和承诺。从团队本身的建设来说，高产期的团队成员已经不需要更多的制度，而是需要心理上的归属感，作为团队领导，你要抓住机会做出你的承诺。

“但是你的承诺要有两个先决条件，第一，在许下承诺的时候，你要让团队成员相信，你有兑现承诺的能力；第二，你能够在一定的时期内，兑现对团队成员的承诺。

“满足了以上两个条件之后，你就可以大胆地对团队成员许下你的承诺。根据管理学家的调查发现，在高产期的团队中，用承诺管理比用制度管理的效果更好。赵亮，你可以在你的团队中换一种管理方式，你说的情况一定会有所好转。”

营业厅盈利法则：

越是有能力的员工，你越要给予真诚的承诺，以此来鼓励他们和你一起更好地工作。

俞月在笔记本上记录：“对于成熟而有能力的员工，最好不要用命令式的管理方式，而是要通过合理的承诺，让他们愿意为营业厅工作。”

给团队成员具有挑战性的目标

销售导师提问，说：“你认为团队的目标是变化的，还是不变的呢？”

赵亮回答：“当然在变化，随着团队的不断进步，目标一定也会发生变化。”

销售导师继续提问：“在团队高产期，你会给团队制定有挑战性的目标吗？”

学员乙回答：“导师，我不会的，因为我害怕打击员工的工作积极性。一旦员工失去工作热情，团队就会失去得更多。”

销售导师说：“这位学员说的话很有道理，但是如果不让团队成员有继续挑战的目标，他的热情和士气就会不断下降，直到无所事事、不思进取。”

> **营业厅盈利法则：**
>
> 为了保持团队成员旺盛的战斗力，要让他们始终有可以挑战的目标。

销售导师继续说：“团队发展到高产期的一个重要标志就是，团队成员的能力和信心都大幅度提高。如果你在这个时候让团队成员面对的都是非常平庸、非常简单的目标，团队成员不仅会丧失工作热情和积极性，而且也会质疑你的领导水平。

“准确地说，挑战具有高难度的目标，一方面是为了团队成员能够越来越强大；另一方面也是为了营业厅能够在获得更多利润的同时，在竞争激烈的市场上，拥有属于自己的发展空间。无论在任何情况下，你都要记住，团队成员最需要的不是所谓的‘爱心保护’，而是完成更多更大的具有挑战性的目标。”

> **营业厅盈利法则：**
>
> 你要和团队成员一起，完成每一个具有挑战性的目标，这样才能够建立属于你的威信。

俞月在笔记本上记录：“实际上，具有挑战性的目标不仅能够激发团队成员的工作热情和自信心，也能够挖掘他们的潜在能量，还能够促进我和他们之间的合作关系，这是一举三得的好事情。”

下课之后，赵亮对俞月说：“要是早听销售导师的课，我就能够多留下几个人才了。”

监控工作的进展

销售导师说：“我最近发现了一个非常有意思的现象，国内的团队领导呈现出两极分化的状态，一种团队领导凡事亲力亲为，一定要把整个团队的工作都做了；另一种团队领导是‘甩手掌柜’，什么事都交给团队成员去做，自己什么都不管不问。”

学员们听了都直点头，俞月说：“我以前公司里的领导就是第一种，凡事他都要插手，但是他又不许我们闲着，结果我们这些下属都不知道每天要做什么，最后竟然还要挨骂。”

赵亮对俞月说：“我之前的领导和你的领导正好相反，属于第二种团队领导，基本上是布置好工作之后，就不闻不问了。”

> **营业厅盈利法则：**
>
> 团队领导必须要维护自己的领导权威和地位，因此你只需要做领导的工作就可以了。

销售导师摇了摇头，微笑着说："我说的这两种团队领导都是不可取的，在团队进入高产期之后，你的正确工作方式是做好领导的工作，既不要抢了团队成员的工作，也不要什么工作都不做。作为团队领导，你的最重要工作就是监控团队工作任务的进展。

"简单地说，你要适时适度地了解团队完成工作任务的进度，如果进度太慢，你就必须要找到问题的症结，然后解决问题，让团队的进展恢复正常。如果进度很快或者很正常，你就要及时对团队成员的工作进行肯定，同时鼓励、肯定他们的努力。"

> **营业厅盈利法则：**
>
> 监督和控制团队工作的进展，就是团队领导最重要的工作之一。

俞月在笔记本上记录："如果说团队领导必须只做一件事，那么一定是监控团队的工作进展。道理很简单，不知道团队的工作进展，就不知道该如何布置接下来的工作任务，更无法让团队成员各司其职、各尽所能。"

赵亮对俞月说："其实团队领导的工作真的很不简单，因为你要随时根据实际需要改变自己的工作方向和方式。"

肯定个人的贡献，庆祝团队的成就

赵亮对销售导师说："我经常会处理不好团队成员和团队之间的关系，尤其是在团队获得优异的业绩之后，有些成员会提出很多不当的要求，如果我答应了，那么对其他的成员不公平；如果我不答应，又觉得会伤害成员的工作积极性。导师，我应该如何处理呢？"

销售导师点头，表示理解赵亮的问题，然后他说："我相信很多团队领导都遇到过相同的问题，实际上，只要适时地突出个人在团队中的作用，不要只强调团队的贡献，将团队和个人的贡献结合起来就能够解决这一问题。"

> **营业厅盈利法则：**
>
> 团队是由个人组成的，肯定个人的贡献，团队才能够获得更大的成就。

销售导师继续说："作为团队领导，你必须要肯定个人对团队的贡献，才能让团队更具有凝聚力，才能让个人与团队之间的关系更默契。具体地说，你需要做好三项工作。第一，及时肯定个人在工作中的贡献。营业厅的销售是不间断的工作，在你监控工作进展的时候，要及时肯定个人在工作中的贡献，并且要用公之于众的方式，让其他成员也能够认同这样的贡献。

"第二，加强个人与团队之间的联系。肯定个人的工作成绩，就是肯定团队的业绩。要知道团队是一个整体，如果不肯定个人，团队的凝聚力也会被削弱。

"第三，提高团队在个人心目中的地位。在肯定个人贡献的同时，也必须要强调团队的价值，这样做的目的就是为了提高团队在个人心目中的位置，让团队成员明白，团队的成就要依靠个人的贡献，而个人的贡献也必须依附团队的成就。”

营业厅盈利法则：

个人的贡献成就了团队，而团队的成就也成全了个人，互相依存才能够一起发展壮大。

Chapter 6

运营管理：有制度，有流程，有激励

销售导师的第四堂课是运营管理。营业厅是一个整体，俗语说“没有规矩不成方圆”，而营业厅就是最需要规矩的地方。有了规矩之后，营业厅的运营管理才能够正规而正确。

24 有制度：无规矩不成方圆

明确营业厅各岗位职责

俞月对销售导师说："我觉得大家都在一起工作，自觉一些就可以了，制定太多的制度会让员工觉得不舒服。"

赵亮接过俞月的话，说："是啊！虽然我制定了关于岗位职责的制度，但是我总是不好意执行，结果就导致员工们消极怠工。导师，您说我们该怎么办啊？"

销售导师微笑着说："俗语说'没有规矩不成方圆'，对于营业厅更是如此。有了制度并执行制度，才能够让营业厅的经营越来越好。"

> **营业厅盈利法则：**
>
> 每一个员工都知道并且能够执行岗位职责，营业厅的经营才会渐入佳境。

销售导师说："要想明确每一个岗位的职责，你必须要做好三项工作。第一，制定详细的岗位职责制度。营业厅的岗位职责制度一定要详细，一定要明确各种岗位的权利、义务、责任，还要有明确的奖惩制度。

“第二，将岗位职责制度执行到底。岗位职责既然已经形成了制度，在执行制度的时候就不要心慈手软。制度就是制度，如果制度得不到彻底的执行，制度就成了一张废纸，你的营业厅也会发生很多不必要的危机。

“第三，将岗位职责制度深入人心。定期或者不定期地进行岗位职责的培训，让营业厅的每一个员工都说一说对岗位职责的认识。这样做的目的是为了明确岗位职责，使岗位职责能够深入人心。”

营业厅盈利法则：

岗位职责是营业厅盈利的基础之一，因为只有各司其职，才能够各尽所能。

俞月在笔记本上记录：“岗位责任制度一定要详细，并且要执行到底。我需要打破不好意思的想法，让制度成为制度，用制度管理员工原本就是非常合情合理的。”

营业厅人员仪容仪表制度

销售导师提出问题，说：“如果你现在开始经营一家营业厅，你都需要制定哪些制度呢？”

学员们纷纷发表自己的意见，一时之间，课堂上非常热闹，说什么制度的都有，甚至还有人说要制定“赚钱”的制度。

销售导师没有打断学员们的讨论，他很耐心地听着、记录着，等到学员们的讨论告一段落的时候，销售导师说：“营业厅的制度要具体并具有可操作性，所以今天，我们最开始制定的制度是营业厅人员仪容仪表制度。”

营业厅盈利法则：

营业厅人员仪容仪表是营业厅形象和品位的重要组成部分。

销售导师说：“每一个营业厅的制度都必须要因地制宜，因此我这里讲的不是具体的制度，而是关于制度的内容。营业厅人员的仪容仪表制度包括三个内容。第一，具体要求。仪容仪表制度中对营业厅人员的着装搭配、面部修饰、搭配原则、个人卫生等方面都必须做出非常具体的要求，并且要标明，如果违反这些要求，营业厅人员要受到怎样的惩罚。

“第二，具体操作。仪容仪表制度要具有可操作性。简单地说，就是要进行详细的规定，比如：关于头发的规定，女员工如果是长发，在工作期间必须要扎起来或者盘起来，不可以散发；如果是短发则不能染色。男员工的头发不能够过耳，而且不能染色。

“第三，具体标准。仪容仪表制度必须有非常具体的标准，以便营业厅人员能够根据标准进行衡量。简单地说，仪容仪表的标准就是标杆，符合标准的仪容仪表就符合制度，不符合标准的仪容仪表就是在破坏制度。”

营业厅盈利法则：

仪容仪表制度要让员工容易操作。

俞月在笔记本上记录：“营业厅人员的仪容仪表就是营业厅的形象，因此，制定的制度一定要全面且具有可操作性。同时，我自己也要起到示范和标杆作用，严格要求自己的仪容仪表。”

营业厅人员出勤、外出制度

销售导师说：“接下来，你要制定的是营业厅人员出勤、外出制度。因为营业厅的业务需要，营业厅人员在工作期间往往需要出勤、外出，而对于出勤、外出人员的掌控和管理，营业厅都必须要有严格的制度。”

赵亮对销售导师说：“其实，约定俗成就可以了，还要制度啊？”

俞月也有同样的疑问，她说：“我的营业厅那么小，出勤、外出制度就是制定出来也用不上，还用制定吗？”

销售导师耐心地解释说：“出勤、外出制度是必要的，与营业厅规模的大小、制度的使用率没有任何关系。如果没有出勤、外出制度，营业厅则无法把控员工的考勤情况。如果因此耽误了营业厅的生意，后果由谁来负责呢？”

> 营业厅盈利法则：
>
> 出勤、外出制度是为了让员工清楚，工作时间即使不在营业厅内，也是要完成工作的。

销售导师继续说：“关于营业厅人员出勤、外出的制度，必须要包括三个方面。第一，出勤、外出时必须履行的手续。通常情况下，出勤、外出人员都必须填写外出申请表，把自己外出的具体事由、具体地点、估计时间、是否返回店里等情况填写清楚。

“第二，出勤、外出后必须遵守的规矩。制度必须明文规定，营业厅人员在出勤、外出后的着装和行为规范，哪些费用可以报销，哪些费用需要自理。总而言之，要让营业厅人员清楚，即使外出也是在工作当中，不能随心所欲，必须要遵守营业厅的规矩。

“第三，出勤、外出回店后必须遵守的程序。营业厅人员在出勤、外出回到店里之后，要向主管人员汇报自己外出的工作情况，同时把客户填写的意见表以及外出期间所产生费用的报销凭证提交给主管人员，由主管人员核实签字之后，再到财务部报销外出时所产生的费用。”

营业厅盈利法则：

对于出勤、外出人员的管理一定要一视同仁。

俞月在笔记本上记录：“在出勤、外出的时候，营业厅人员一样代表着营业厅的形象，因此，营业厅必须对他们的着装和行为做出明确规定。”

营业厅交接班、排班制度

俞月曾经问过赵亮，她说：“营业厅的营业时间一般会很长，你的营业厅人员是如何排班的呢？”

赵亮当时是这样回答俞月的，他说：“我的营业厅一般是两班倒，每一个班最少需要两个人，如果是规模大一些的营业厅，一个班次就需要更多的员工。不过，我的营业厅里的交接班和排班制度一直没有定下来，这一次我要好好向销售导师请教。”

于是今天，赵亮就向销售导师提出了关于交接班、排班制度的问题。销售导师认真地回答，他说：“营业厅交接班、排班制度关系到每一个员工的切身利益，因此在制定的时候，需要综合考虑员工的实际情况，不宜制定得过于强硬。”

营业厅盈利法则：

营业厅的交接班、排班制度需要在具体经营的过程中，进行适度的修整。

销售导师说：“在营业厅的交接班、排班制度中，你必须要明确三个方面的规定。第一，时间和人数。交接班和排班都必须有具体的时间规定，还要有具体的人数规定。比如：交接班在三个人以上的情况下才能够进行，排班表中必须有具体的上班时间、下班时间、休息时间。

“第二，交接班的准备工作和排班的具体规定。营业厅人员在交接班的时候要准备哪些具体的工作，制度上也必须有明文规定，以便营业厅人员可以按照制度执行。同时，对于排班也必须有具体的明文规定，比如：上午班是几点到几点，几点钟吃饭；下午班是几点到几点，几点钟吃饭等。

“第三，交接班的过程和排班的班次调整。制度需要规定每一步交接班的具体程序，还要制定监督管理的制度，使交接班的每一个步骤都得到相应的监督和管理。此外，在排班制度中还要规定，如果遇到特殊情况需要调整班次，具体的操作程序是什么。”

营业厅盈利法则：

营业厅交接班、排班制度一定要为大多数员工着想，不能损害员工的利益。

营业厅货场管理制度

赵亮在上课的时候迟到了，他向同学们和销售导师表示歉意，他说："实在对不起，营业厅的货场出来一点问题，所以我来晚了，请大家原谅。"

销售导师说："如果你愿意，你可以具体说一说，营业厅货场出现什么问题了？"

赵亮将情绪平缓下来，说："一名新员工擅自进入货场，结果货场主管向我投诉，我因为解决投诉，所以迟到了。"

销售导师示意赵亮坐下来，说："你的营业厅货场管理制度一定有漏洞，所以这位新员工才能擅自进入货场里，所以下课后，你的第一个工作就是要检查并修改营业厅货场管理制度。"

> **营业厅盈利法则：**
>
> 营业厅货场是非常重要的地方，因此管理制度也必须要严上加严。

销售导师继续说："营业厅货场管理制度必须包含三个方面。第一，安全规定。营业厅货场的安全是第一位的，因此要对安全的每一个细节进行严格的规定。其中包括货场中的纪律、货场交接班的要求、货场员工的着装要求等。总而言之，越具体越好。

"第二，进出货场的规定。进入货场需要哪些手续和程度，从货场出去需要哪些手续和程序，制度要详细，操作性要强。赵亮，你的货场管理制度就是缺失了这一条，才让新员工轻而易举地进入货场重地。当然，货场的主管也必须接受问责，他也有责任得接受相应的惩罚。

"第三，货场垃圾的检查规定。到这里有些人会觉得可笑，垃圾还要检查吗？对，货场的垃圾就是需要检查，而且要有相关的管理制度，每一个班次都要有专人负责检查货场的垃圾。”

营业厅盈利法则：

营业厅货场管理制度如果执行得不好，你就要行使问责的权力。

俞月在笔记本上记录：“营业厅货场是重地，因此管理制度也要格外严格，这样才能保证货场的安全，才能保证营业厅的正常经营。”

营业厅库存管理制度

看到投影仪上的题目，俞月轻轻地摇了摇头，没想到被销售导师看到了，销售导师平和地问：“俞月，为什么摇头？这个题目有问题吗？”

俞月急忙站起来，说：“题目没有问题，只是我觉得我的营业厅就算有库房，也会非常小，不一定需要管理制度。”

销售导师点头，表示明白俞月的意思，同时示意俞月坐下来。销售导师说：“实际上，只要营业厅有库房，都需要库存管理制度。你耐心地听我讲下去，就会明白的。”

营业厅盈利法则：

库存是营业厅管理的重要组成部分，库存的管理会直接影响到营业厅的正常经营。

销售导师说：“对于营业厅库存的管理制度，一方面是为了更好地保障营业厅的正常经营，另一方面也是为了加强营业厅员工的财务意识和安全意识。因此，库存管理制度首先是对出库、入库的规定；其次是对库存货物摆放的规定。

“今天我要重点讲解的是对库存货物的盘点管理。盘点的重要性大家都是知道的，在这里我就不再赘述了。那么在库存管理制度中，盘点需要制定哪些规定呢？第一，制定盘点的时间。库存盘点需要每一天都进行，在库存管理制度中，要对日盘点、周盘点、月盘点形成不同的规定。

“第二，制定盘点的流程。盘点的流程必须要严密，哪些人员参加盘点，盘点结果需要哪些人员进行签字确认，这些在库存管理制度中都必须要有非常明确的规定。

“第三，制定盘点的结果处理。有些营业厅对库存的盘点流于形式化，似乎是为了盘点而盘点，而对盘点的结果没有任何的应对措施。你的营业厅千万不能犯这样的错误，对盘点的结果，你必须要认真对待，并且妥善地处理。”

营业厅盈利法则：

库存管理制度的最终目的就是为了提高营业厅的经营实力。

俞月在笔记本上记录：“库存对于营业厅来说，不仅是经营的基础，也是营业厅盈利的法宝。而对于库存的掌握，正是我最需要做好的工作。”

营业厅收银管理制度

销售导师说：“这一次我要讲的内容，保证你们都不会提出质疑，因为任何一家营业厅都必须要有，这个制度就是营业厅的收银制度。”

销售导师的幽默谈吐，让学员们紧张的精神得到了放松。俞月对销售导师说："这是最重要的制度，我一定要全神贯注地听您讲。"

赵亮笑着对俞月说："原来你还是一个小财迷啊！"

销售导师笑着说："我也是财迷啊！辛辛苦苦赚到的钱，谁都不想出任何差错。所以营业厅的收银管理制度不仅要严密，而且要有相关的监督管理机制。"

营业厅盈利法则：

收银管理制度不仅直接影响着营业厅的盈利，而且也是营业厅经营的好帮手。

销售导师继续说："营业厅收银制度的重要性，我就不反复讲了。今天我只讲，如何制定一整套严密而可控的收银管理制度。第一项工作是明确收银的岗位职责。收银岗位的具体规定，包括收银员遇到特殊情况要如何处理，或者找哪一位主管处理。这些都必须在制度中有明确的规定。此外，收银员的责任、权力要划分清楚。

"第二项工作是完善收银的监督机制。收银管理制度中必须要有监督管理机制，没有监督机制的收银管理制度就成了一张废纸。这并不代表你不相信收银员，恰恰相反，合理而严密的收银监督机制，能够保护收银员的权益。

"第三项工作是细化收银的工作流程。管理制度中，对收银工作的每一个步骤都要考虑周详，要不断细化收银的工作流程。收银管理制度规定得越细致，在实际的操作中其效用也就越大。"

营业厅盈利法则：

详细而严谨的收银管理制度，不仅是对营业厅负责任，也是对收银人员负责任。

俞月在笔记本上记录："收银管理制度需要在实际操作中不断完善，这样才能更好地适应营业厅的发展。"

营业厅安全检查制度

看到题目之后，赵亮对俞月小声地说："安全很重要，真的很重要。"

俞月也小声地说："我知道，所以要制定安全检查制度啊！"

销售导师说："如果你的营业厅没有安全检查制度，也许在短时间之内，甚至在几年之内，你的营业厅都不会有任何的问题，但是一旦发生问题，则一定是你无法承受的。"

营业厅盈利法则：

不要因为眼前的利益，就忽视了营业厅的安全检查，否则你会为此付出非常惨重的代价。

销售导师说："营业厅在制定安全检查制度的时候，一定要注意以下三个问题。第一，安全检查的责任是否落实到位。营业厅必须要有专职或者兼职的安全员，而且对于营业厅不同位置的安全，制度中都要明确规定出责任人。

"第二，安全检查的程序是否被严格执行到位。有些营业厅的安全检查制度很严格，但是在执行的过程中却被打了折扣，如此一来，安全检查制度就形同虚设。作为经营者，你一定要检查营业厅安全检查制度的执行情况。

“第三，营业厅员工是否具备处理突发安全事故的能力。营业厅的安全检查制度绝对不能够沦为一句空话，因此每一个营业厅的员工都必须成为安全检查员，具有处理突发安全事故的能力。这就需要营业厅定期邀请专业人士，对员工进行安全教育和培训。”

营业厅盈利法则：

安全检查制度要切实落到实处，所以作为经营者，你是安全检查最大的责任人。

俞月在笔记本上记录：“要随时对营业厅安全检查制度进行抽查和全查，要定期邀请专业人士对员工进行安全培训，只有这样，营业厅才能够进行正常的经营。一定要记住，切不可为了赚更多的钱，就忽视安全检查。在营业厅安全检查制度中不仅要规定责任人，而且要有严格的奖励和惩罚制度。”

工具 6：营业员职业测评

中国移动营业员职业测评试卷

第一题：移动业务题（每题 2 分，共 20 分）

1. 公司新资费包含哪几种套餐（不需要写具体档次），每种套餐适用于什么样的目标客户？

2. 写出最新 GPRS 套餐中最低的 3 种套餐档次的具体内容。

3. iPhone6 使用前首先要进行激活，请问如何激活？

4. 中国移动主推的 OPHONE 手机使用的是什么手机操作系统？该操作系统核心是由哪个公司开发的？（写中文或英文均可）

5. 写出三个运营商分别使用的 3G 技术，以及每种 3G 技术分别属于哪个国家（或地区）的专利技术。

6. 客户现在要更换一部新手机，但之前未开办号簿管家，请写出指导该客户从开通号簿管家到将通信录转移到新手机的操作过程。

7. 公司近期推出的爱家套餐业务内容是什么？

8. 客户反映其手机不能上网，请你写出可能存在的至少 3 种原因及解决办法。

9. 手机邮箱网站是什么？手机邮箱除了最基本的收发邮件功能，还可以提供哪些服务，至少写出两点。

10. 中国移动的客服网站网址是什么？写出客服网站能为客户提供的服务，至少 5 点。

第二题：逻辑测试题（每题 2 分，共 20 分）

1. 填入空缺的数字。

65　37　17　（　）

2. 填上空缺的字母。

CFI　DHL　EJ（　）

3. 我住在工厂和村庄之间的地方。工厂位于村庄和火车站之间的某一处。下面判断正确的是？（　）

A. 工厂与我住的距离比到火车站近

B. 我住在工厂和火车站之间

C. 我住的地方到工厂的距离比到机场近

4. 动物学家与社会学家相对应，正如动物与（　）相对。

A. 人类

B. 问题

C. 社会

D. 社会学

5. 一个家庭有 4 个儿子，把这 4 个儿子的年龄乘起来乘积为 15，那么，这个家庭 4 个儿子的年龄各是多大？（　）

6. 找出不同类的一项（　）。

A. 写字台

B. 沙发

C. 电视

D. 桌布

7. 南之于西北，正如西之于（　）。

A. 西北

B. 东北

C. 西南

D. 东南

8. 今天的两天前是星期五，那么请问明天的后一天是星期几？（　）

9. 现在，桌子上放了两支同样的蜡烛 A 和 B，每支燃尽需要一个小时，那么，如何燃烧这两支蜡烛，可判定一个 45 分钟呢。注：只有这两支蜡烛和点火工具。（　）

10. 玲玲和芳芳经常在一起玩，有一次，有人问她们："你们俩经常在一起玩，这次期末考试你们谁的成绩好呀？"玲玲说："我的成绩比较好一点。"小红说芳芳说："我的成绩比较差一些。"她们这两个人之中至少有一个人没有说实话。那么，到底她们谁的考试成绩好？（　）

第三题：计算机知识（每题 2 分，共 10 分）

1. 互联网时代，网络搜索是必须掌握的技能，你是刚接手遵义海螺水泥的客户经理，但你对这个单位和项目都一无所知，最简单快捷的方法你想到了上网搜索，写出你使用网络搜索查找该信息的操作过程。

2. Office 软件中包含了多种应用软件，写出其中 3 种的名称。

3. 在公司办公室上互联网，在网络属性设置中必须正确设置的主要参数有哪些参数？（不用写出具体的参数值）

4. 写出一种能从互联网实时更新词库的中文输入法名称，以及如何获取、安装这种输入法的大致过程。

5. 你使用 Word 2007 编辑一个文档并要传给其他人使用，但考虑到对方电脑上安装的很可能是 Word 2003 版本，你会怎么操作？

第四题：论述题（每题 10 分，共 20 分）

1. 公司某员工到前台为其他客户办理过户，因客户本人未到场，该员工提出签字担保，营业员同意了这样的担保为其办理，事后原机主客户打 10086 投诉营业员未经客户同意擅自对该号码进行过户，导致其通信隐私被侵犯，强烈表示不满，并要求公司赔偿其 1 万元的损失费。

你是营业厅负责人，发生了这样的事情，你如何看待？会作何处理？

2. 今年是“服务质量年”，公司现在倡导大服务，要求后台为前台做好服务。你作为上级公司服务主管，认为提升客户满意度首先要解决内部服务的问题，你认为目前内部服务主要问题有哪些？以及可以采取哪些举措改善内部服务？

第五题：公文写作（每题 10 分，共 20 分）

注意公文格式、内容、要素等，结构清晰，表达流畅，文字简练。

1. 通知

本公司将组织员工开展一次员工登山比赛，你是活动策划组织负责人，请

你拟出一份通知文件下发。（你是策划者，内容由你定）

2. 请示

你是某片区负责人，现决定在片区内部定期开展先进员工评选（具体评选名称、名额等等一切由你定），由于该项工作需要资金支持，请你拟份请示文件报区公司领导。（你是片区负责人，内容由你定）

资料来源：http：//wenku.baidu.com/view/f27637e819e8b8f67c1cb9f1.html。

工具7：销售员专业能力测试范例

1. 在看一个产品的说明书时，你首先会：

A. 请一个内行人讲解一下

B. 按照说明书的指示，在产品上多次尝试来了解产品

C. 不用对着产品，看说明书就可以了解了

2. 在给客户组装产品时，周围有环境音乐，此时另外一个客户来电话，你会：

A. 三个件事同时进行

B. 将环境音乐的声音调小，但仍然可以接电话，并同时组装

C. 告诉电话上的客户，很快就回电话

3. 客户来访问你，来电话问你怎么走，你会：

A. 画一张标示清楚的地图给他，或者另外请一个熟悉的人替你向客户说明怎么走

B. 先问他们熟悉什么重要的著名标志，然后指示他们该怎么走

C. 直接解释并指示他怎么走

4. 解释要销售的产品或者一个重要概念时，你很可能会怎么做：

A. 会利用笔、纸及手势等强化你的解释

B. 口头解释及手势配合

C. 通过口头就可以解释清楚了

5. 听了一个清楚的产品讲解后，你通常会：

A. 在脑海里回想讲解的过程和细节

B. 将过程以及具体的细节说给别人

C. 通过引用讲解人的话来强化你的理解

6. 在培训教室中，如果随意挑选座位，你喜欢坐在：

A. 教室的右边

B. 无所谓，哪里都可以

C. 教室的左边

7. 你的朋友在使用一个你熟悉的产品时，出了一些问题，你会：

A. 表示同情，并讨论使用这个产品的感觉

B. 介绍一个信得过的人协助修理

C. 亲自动手，试图修好

8. 对于一个电器产品，有人问你用多少伏电压时，你会：

A. 直接说你不知道

B. 思考一下，说出你的判断

C. 迅速给出肯定的答案，并明确说出你的思考过程

9. 你找到一个停车位，可是空间很小，必须用倒车才能停进去，你会：

A. 宁愿找另一个停车位

B. 试图小心停进去

C. 很顺利地倒车停进去

10. 你在看电视时，电话响了，这时你会：

A. 接电话，电视开着

B. 把音量调小后才接电话

C. 关掉电视，叫其他人安静后再接电话

11. 你听到一首新歌，是你喜欢的歌手唱的，通常你会：

A. 听完后，你可以毫无困难地跟着唱

B. 如果是首很简单的歌曲，听过后，你可以跟着哼唱一段

C. 很难记得歌曲的旋律，但是你可以回想起部分歌词

12. 你对事情的结局如何会有强烈的预感，是借着：

A. 直觉

B. 可靠的信息和大胆的假设，才做出判断

C. 事实统计数字和资料

13. 你忘了把钥匙放在哪里，你会：

A. 先做别的事情，等到自然想起为止

B. 做别的事情，但同时试着回想你把钥匙放到哪里

C. 在心里回想刚刚做了哪些事情，借此想起放到何处

14. 你在饭店里，听到远处传来警报，你会：

A. 指出声音来源

B. 如果你够专心，可以指出声音来源

C. 没办法知道声音来源

15. 你参加一个社交宴会，有人向你介绍七八位新朋友，隔天你会：

A. 可以轻易想起他们的长相

B. 只能记得其中几个的长相

C. 比较可能记住他们的名字

16. 你的朋友希望购买一台颜色鲜亮的电脑，而你希望他买颜色深色的，你将如何说服他：

A. 和颜悦色地说出你的感觉

B. 让他这次接受你的看法，下次你听他的

C. 讲明深色的好处，通过事实来说服他

17. 在上门拜访一个客户之前，你通常会：

A. 将计划的事项写到纸上，该做什么一目了然

B. 思考一下拜访时要说的，要做的就可以了

C. 在心里想一下会见到哪些人，会在什么地方，以及是否需要投影仪等

18. 你的关系融洽的客户，与你商量非业务的事情，你会：

A. 表示同情，理解他的处境，并给予附和

B. 出谋划策，试图找到恰当的办法来解决

C. 直接指明具体的解决方法和途径

19. 两个已婚的朋友有了外遇，你会如何发现：

A. 你会很早察觉

B. 经过一段时间后察觉

C. 根本不会察觉

20. 你的生活态度如何：

A. 交很多的朋友，和周围的人和谐相处

B. 友善地对待他人，但保护个人隐私

C. 完成某个伟大目标，赢得别人的尊敬、名望，得到晋升

21. 如果有选择，你会选择如何工作：

A. 和可以相处的人一起工作

B. 有其他同事，但也保有自己的空间

C. 独自工作

22. 你喜欢读的书是：

A. 小说，其他文学作品

B. 报刊

C. 非文学类，传记

23. 购物时你倾向：

A. 常常是一时冲动，尤其是对特殊物品

B. 有个粗略的计划，可是心血来潮时也会买

C. 看标签比较价钱

24. 睡觉起床吃饭，你比较喜欢怎么做：

A. 随心所欲

B. 依据一定的计划，但弹性很大

C. 每天几乎有固定的时间

25. 你开始一个新的工作，认识很多新同事，其中一个打电话到你家里，你会：

A. 轻易地辨认出他的声音

B. 谈了一会话才知道他是谁

C. 无法从声音辨认出他到底是谁

26. 和别人有争论时，什么事会让你生气：

A. 沉默或者是没反应

B. 他们不了解你的观点

C. 提出质疑或者是评论

27. 你对销售培训中严格的产品描述训练的感觉是：

A. 觉得描述产品很简单

B. 觉得描述产品很简单，但是让客户明白不容易

C. 觉得两项都掌握得非常好，不需要额外训练这样的描述

28. 碰到固定的舞步或是爵士舞时，你会：

A. 听到音乐就会想起学过的舞步

B. 只能跳一点点，大多想不起来

C. 抓不准时间和旋律

29. 你擅长分辨动物的声音，并模仿动物的声音吗？

A. 不太擅长

B. 还可以

C. 很棒

30. 一天结束后，你喜欢：

A. 和朋友或家人谈谈你这一天过得如何

B. 听别人谈他这一天过得如何

C. 看报纸电视，不会聊天

感谢您答完以上的题目，请写出您的答案中共有（　）个 A、（　）个 B、（　）个 C

答案：

A. 15 分

B. 5 分

C. –5 分

0–180 分之间，具备很强大的销售能力；150–300 分之间，销售的专业知识还有所缺乏，销售能力还有待于加强。

资料来源：http：//wenku.baidu.com/view/436c931ba76e58fafab0039c.html。

25 有流程：强化执行，完善细节

营业前的工作流程

学员乙向销售导师提出问题，说："在营业厅的运营管理中，有了制度之后就要执行，但是为什么有时候制度已经执行了，却还是不能够顺畅地经营呢？"

销售导师认真地回答问题，说："如果是这样，你就必须从两个方面检查工作，第一个方面是制度执行得是否到位；第二个方面是营业厅有了制度之后，有没有形成切实可行的工作流程。"

学员乙说："营业厅还要单独制定工作流程吗？"

销售导师说："对，工作流程和营业厅制度一样，都是运营管理的主要因素之一。"

> **营业厅盈利法则：**
>
> 工作流程就是工作标准，因此制定并执行工作流程有利于营业厅的经营。

销售导师继续说："按照营业的时间分类，你首先要制定并执行营业前的工作流程。准确地说，营业前的工作流程包括：第一，营业厅的清扫工作。营业前一定要彻底清扫营业厅内部和外部，尤其要注意边角的地方以及营业厅门口的责任清扫区域。

“第二，产品的陈列检查。营业厅营业前员工不仅要做好工作准备，营业厅的产品也必须要做好准备，因此对产品的陈列检查，就成了营业前员工必须做的工作之一。在检查产品陈列的过程中，要及时纠正错误的陈列，补充缺失的产品。

“第三，核对店面产品和库存产品的数量。营业前一定要有专人对店面产品的数量以及库存产品的数量进行核对，目的就是掌握产品的总体情况，好及时进货和补货。

“第四，检查员工的仪容仪表。营业厅营业前，当班的主管必须要逐一检查员工的仪容仪表，确保员工的仪容仪表大方得体，让客户进入营业厅后能够看到整洁而符合标准的营业厅工作人员。”

营业厅盈利法则：

营业前的工作准备越充分，那么营业厅在一整天的经营中，才会赢得更多的利润。

俞月在笔记本上记录：“要想顺利地进行营业，就必须规范好营业前的工作流程。”

营业中的工作流程

销售导师提出问题，说：“现在营业厅已经开始营业了，接下来要如何做呢？”

俞月说："照常营业呗！"

赵亮忍不住笑出声音，俞月瞪了他一眼，赵亮立刻收起笑容，说："现在应该按照营业中的工作流程进行经营。"

销售导师微笑着说："赵亮说得很对，营业中的工作流程涉及营业厅经营的各个方面，因此在制定工作流程的时候，千万不要着急，要多看多观察，根据营业厅自身的特点，制定出一整套符合营业厅的、有特色的工作流程。"

营业厅盈利法则：

营业中的工作流程要强化执行。

销售导师继续说："从营业厅的利益考虑，制定营业中的工作流程既符合营业厅的盈利目的，又能够在一定程度上保障员工的利益。在营业中，第一，礼貌待客，进行有效的沟通工作。在客户进入到营业厅的时候，一天的工作就正式开始了，营业厅员工必须要礼貌待客，热情周到，积极地与客户沟通交流，提供让客户满意的服务。

"第二，积极销售，促成客户与营业厅的交易。有效的沟通就是为了促进销售，营业厅员工要用自己的专业知识和职业态度，积极促成客户与营业厅的交易，让客户成为营业厅的消费者。

"第三，监督检查，及时对产品进行整理和补货。营业厅员工不仅是销售员，更是监督检查的责任人，对营业厅内的产品，营业厅员工要做到随时检查，及时整理和补货。

"第四，保持卫生，让营业厅始终整洁干净。营业厅的卫生是非常重要，没有任何客户愿意在一家脏乱差的营业厅多逗留。因此，保持营业厅的卫生也是营业中的工作流程之一。”

> **营业厅盈利法则：**
>
> 严格遵守工作流程，在营业厅盈利的基础上，员工也能够获得更多的利益。

俞月在笔记本上记录：“营业中的工作流程需要在实践中确定。对于一个营业厅来说，无论是制度还是流程，都必须要有相应的监督检查机制。”

营业后的工作流程

俞月低声对赵亮说：“这一回我知道导师要讲什么了，一定是营业后的工作流程。”

还没等赵亮说话，销售导师的声音已经传了过来，他说：“现在，我开始讲营业后的工作流程。准确地说，营业后的工作流程相对比较简单，但是绝对不能够因为简单，就轻视它。”

学员丙对销售导师说：“我在给老板打工的时候，下班前就心猿意马了，到了下班时间恨不能长出翅膀飞走，哪里还顾得上什么工作流程。”

销售导师笑着解释说：“营业后并不等于下班后，而是在客户减少之后以及下班前的这段时间里，你和营业厅员工究竟应该做些什么工作。”

> **营业厅盈利法则：**
>
> 营业后的工作流程既是对今天的总结，也是对明天的准备。

销售导师说："营业后的工作流程在一天工作的末尾实行，在制定的时候，你要简化流程，提高效率，以免让营业厅员工认为你是有意占用下班时间，从而对你产生抵触心理。所以营业后的工作流程中，第一，要各自做好扫尾工作。通俗地说就是收银员结账，销售员点货、清扫，主管人员进行财务和产品的核对，分工合作大家才能够按时下班回家。

"第二，当值主管人员开一个简单短小的总结会，了解营业厅员工在工作中的情况以及遇到的困难，以便能够及时发现问题、解决问题。

"第三，检查营业厅的安全情况。在清点核对之后，一定要再次确认，电源是否关闭，门窗是否锁好，确保营业厅的安全。"

营业厅盈利法则：

营业后的工作流程要尽量简单明了。

俞月在笔记本上记录："营业后的工作流程主要是总结、核对和安全检查工作。安全工作一定要有专人负责，以此来保证营业厅的安全。"

26 有激励：根据工作重点，设定激励导向

激励的基础：了解员工

销售导师说："我现在出一个换位思考的问题，希望每一个学员都积极思考并发言。我的问题是'如果你是员工，你希望得到什么样子的激励呢'？"

在片刻的沉默之后，学员开始了积极的发言和热烈的讨论。答案有很多种，其中俞月的答案最直白，她说："不用那么麻烦，用钱激励我就行了。"

赵亮的回答最为实际，他说："激励要因人而异，对我的激励只要实惠就行。"

销售导师也参加了学员们的讨论，他说："对我最好的激励就是让我有更多的学习机会，并且给我升职的机会。"

> **营业厅盈利法则：**
>
> 营业厅的激励机制是随着工作重点而有所变化的，而激励的基础则是要了解自己的员工。

销售导师说：“激励的目的是为了让营业厅员工更积极地工作，要想达到这个目的，你的激励就必须能够深入员工的内心。那么，如何才能够做到深入员工的内心呢？方法其实很简单，就是你要耐心地了解自己的员工。

“第一，了解员工的思想，知道他们都在想什么，都想要什么。作为经营者，你必须要了解自己的员工，否则你将无法领导他们。而了解员工的思想其实很简单，把自己当成他们的朋友，少一些严肃的指责，多一些平等的交流，员工自然就愿意和你说实话了。

“第二，了解员工的工作状态，及时了解他们的困难，为员工排忧解难。每一个员工都会遇到工作之外的困难，作为他们的领导，你必须要及时了解每一个员工的情况，并且在适当的时候伸出援助之手。

“总而言之，只有了解自己的员工，才能够给予他们最想要的激励。如果激励能够深入人心，那么激励所带来的效果就是最好的。”

营业厅盈利法则：

了解员工一方面是激励的基础，另一方面也是激励的依据。

俞月在笔记本上记录：“激励是为了让员工更积极地工作。只有了解自己的员工，才知道如何有效地激励他们。”

岗位激励：为岗位提供合适的待遇

赵亮对销售导师说：“最近我有一个非常大的烦恼，营业厅的有些岗位空缺，不仅店内的老员工不愿意做，而且还很难招到人。”

俞月接过赵亮的话题说：“一定是你给的钱不够。”

赵亮说：“我觉得按照岗位来说，给的待遇已经很好了。”

销售导师说："你有没有横向比较过，看一看其他营业厅同样的岗位待遇是多少。在实际的操作中，最有效的岗位激励，就是给岗位一个合理的待遇。"

营业厅盈利法则：

营业厅的每一个岗位都是不同的，要想让员工被岗位吸引，就必须给予岗位合适的待遇。

销售导师继续说："应该给予岗位最合理的待遇。这样，不同的岗位才会有不同的员工愿意做。岗位激励主要有三个内容。第一，打破所谓的公平观念。要想让岗位激励起到应有的作用，作为经营者，你就必须要打破旧观念，尤其是所谓的公平观念，做的工作不一样，奖金和待遇自然就不一样。

"第二，给予员工最合理的待遇。有些营业厅经营者总是希望一碗水端平，结果造就了很多平庸的员工。要想激励员工，激发员工的创造力，就必须要给予员工最合理的待遇，使员工在努力工作的时候，不会被不公平的待遇所困扰。

"第三，激励不仅要体现在经济上，更要体现在精神上。作为营业厅的经营者，你要懂得激励不仅仅是经济上的，更是精神上的，有时候精神上的激励，会比经济上的激励效果更好。"

营业厅盈利法则：

所谓的岗位激励，就是要让辛苦岗位上的员工获得更多。

俞月在笔记本上记录："制定不同岗位的激励机制，打破'大锅饭'的观念，在营业厅里营造能者多劳、多劳多得的工作氛围。"

目标激励：设立明确适宜的目标

销售导师说："对于一个人来说，目标就是前进的方向和动力；对于一个营业厅来说，目标的作用也是一样的。"

俞月对销售导师说："就算营业厅有目标，员工也很难以营业厅的目标为目标。"

赵亮也说："是啊！我的营业厅都有明确的目标，但是员工似乎对此不太感兴趣。"

销售导师思考了一下，说："这是因为你没有使用目标激励，只是单纯地设定目标，而不与营业厅员工自身的利益相结合，那么目标就只是目标而已，根本就无法实现。"

> **营业厅盈利法则：**
>
> 目标激励应该与营业厅员工的切身利益相关联，这样才能激励员工努力实现目标。

销售导师说："运用目标激励员工。首先，要设立一个明确而适宜的目标。这个目标对于营业厅来说是有建设性的，而对于大多数员工来说都是可以完成的。目标中最好包含近期的小目标以及远期的大目标，用一个一个小目标的积累，去实现大目标。

"其次，要带领员工一起实现目标。有些营业厅经营者，告诉员工目标之后，就做了'甩手掌柜'。在实现目标的过程中，你不一定要手把手教会员工，但是你要在员工无法克服困难的时候，适时地帮助员工，只有这样，员工才能够对实现目标变得更有信心。

“最后，自然是关于实现目标的奖励。奖励与目标要相符，小目标有小奖励，大目标有大奖励。员工在实现每一个目标的时候，都能够得到营业厅的奖励和认同，这才是设立目标最重要的目的。”

营业厅盈利法则：

目标激励关系到每一个营业厅员工，也关系到营业厅经营者，一起努力实现的目标才是最好的。

俞月对销售导师说：“我明白了，目标激励的是员工的共同上进心。只有营业厅及时加以鼓励和认同，才能够让员工有不断实现目标的动力。”

赵亮也说：“导师，我知道如何激励员工实现目标了。我不仅要为员工设立目标，也要和全体员工一起完成目标。”

晋升激励：提供合适的舞台

销售导师提出问题，说：“只从个人角度来看，让你留在一家营业厅工作的最重要原因是什么？”

学员甲说：“是薪酬待遇。”

学员乙说：“是工作环境和同事。”

学员丙说：“是上升的空间。”

俞月说：“是营业厅对我个人的重视程度。”

赵亮说：“应该是升职和加薪的概率。”

销售导师认真地听着，然后说：“大家都说出了心里话。实际上，营业厅能够留住优秀员工的原因，就是为优秀员工提供合适他们的舞台，让他们能够不受限制地、尽情地发挥自己的才能。”

> **营业厅盈利法则：**
>
> 在营业厅有发展的前途，才能够让优秀员工持续为营业厅服务。

销售导师接着说：“首先，营业厅要为每一个员工进行职业规划，为每一个员工提供不同的发挥平台，使每一个员工在为营业厅工作的时候，都能够看到自己未来的发展。

“其次，营业厅要及时为表现优异、符合晋升资格的员工，进行晋升激励。当一名员工成功晋升之后，营业厅要鼓励其他员工向这名员工学习。

“最后，营业厅要对晋升的员工进行大张旗鼓的宣传，让其他员工以他为榜样，并清楚，无论你是谁，只要肯努力，在营业厅中就有晋升的机会。”

> **营业厅盈利法则：**
>
> 在晋升激励中，晋升的机会必须是公平、公开、公正的。

赵亮问销售导师，说：“导师，我如何做才能给每一个员工不同的施展机会呢？”

销售导师思考了一下，说：“你要像了解目标客户群的需求一样，去了解自己员工的需求，当你发现员工才能的时候，一定要及时给予他们施展才能的机会，让员工认为营业厅是重视他们的。”

俞月在笔记本上记录：“发现员工的才能，并且鼓励他们施展才能，同时也要及时给予他们晋升激励。这样，不仅能够为营业厅留住优秀员工，还能让营业厅的经营更上一层楼。”

制度激励：制定公平的激励机制

俞月问销售导师：“导师，我以前在公司打工的时候，也想好好工作，但总会遇到一些不公平的事情，很气人。”

赵亮也说：“我的员工也会对我说‘不公平’，我不明白，怎么做才是公平的呢？”

销售导师认真听了两个人的话，然后说：“对于营业厅来说，真正的公平来源于制度，只有制定了公平的激励机制，才能够让每一个员工都享受到公平。”

> 营业厅盈利法则：
>
> 制定公平的激励机制，才能够让员工安心地、努力地工作。

销售导师说：“营业厅在制度上的公平合理性，不仅能够保障员工的基本利益，也能够让营业厅在员工的心目中树立正面而公正的形象。简单地说，营业厅一方面要在客户的心里树立良好的形象，另一方面也需要在员工的心目中树立公正的形象。

“准确地说，营业厅的激励机制要针对每一个员工，无论这个员工在营业厅中的岗位是什么。比如，现在营业厅里有一个晋升的机会，这个机会应该公平地给予每一个员工，同时营业厅要发布此次晋升的条件，符合条件的员工都可以竞争这个岗位。

“实际上，激励机制中的公平在于一视同仁，也体现在执行上，只有这样，员工才能在真正的制度激励中，获得自己想要的职位、薪酬、待遇。”

营业厅盈利法则：

制度不仅要公平更要适宜，所以要从实践中总结得出。

俞月在笔记本上记录：“营业厅内部的公平竞争需要用制度激励来平衡，公平而适宜的机制不仅保障了营业厅员工的权益，也能够保障营业厅的权益。”

下课之后，赵亮对俞月说：“我回去之后就检查一下营业厅的制度，然后重新制定新的制度，这样，员工应该就不会有不公平的感觉了。”

俞月说：“对，好的制度才能够让员工愿意为营业厅工作，否则就都会像我一样辞职不干了。”

赵亮笑着说：“嗯，制度能够激励员工的上进心和工作积极性，这才是最重要的。”

精神激励：激励不仅仅是钞票

学员丁对销售导师说：“我原来所在的公司，一说奖励就用钱，开始的时候我挺高兴的。但是逐渐的，我就觉得没意思了。我做的业务无法跟其他同事分享，而其他同事也都在暗地里较劲，同事之间除了几句不关痛痒的话，根本就没有任何业务上的沟通，没劲透了。”

其他学员也纷纷表示，自己也曾经有和学员丁一样的经历，的确是挺没劲的。销售导师说：“实际上，这就是单纯的物质激励带来的负面效果，所有的员工都看见了奖励的金钱，于是大家都为了赚钱而忽视了同事之间的业务沟通，最终导致公司缺乏有效沟通的氛围。”

营业厅盈利法则：

物质激励是激励机制的辅助项目，不能够成为激励机制的主角。

销售导师接着说：“对于一家营业厅来说，真正有长期效应的激励机制是精神激励，精神激励有三个重要的特点。第一，让员工对营业厅产生归属感。任何精神激励都带有强烈的情感色彩，营业厅在付出情感的同时，也能够收获员工对营业厅的归属感。实际上，营业厅与员工建立情感联系，有助于营造和谐发展、共同进步的经营氛围。

“第二，让员工有可以提高的榜样。对于受到奖励的员工来说，营业厅的‘广而告之’不仅能够激发他们更多的潜在能量，而且也能够让他们成为员工们的榜样。而对于那些没有受到奖励的员工，他们会以榜样为目标，更加努力、积极地工作。

“第三，加强员工之间的沟通，启动公平竞争机制。精神激励可以增加受奖员工的威信度，同时也成了其他员工学习的榜样，这样有利于促进员工之间进行深度的沟通：其他员工愿意向受奖的员工讨教，受奖员工也愿意把自己的经验与其他员工分享。”

营业厅盈利法则：

员工之间多交流销售心得和经验，才能够促进营业厅的经营。

小心！这些是激励的误区

销售导师说："不是每一个员工都适应营业厅的激励机制，有些员工会因为不适应而认为受到了营业厅的打压。实际上，无论对于员工，还是对于营业厅，激励机制也是有误区存在的。"

赵亮对销售导师说："您说得太对了，我就遇到过这样的员工，我的本意是激励他，他却说我在排挤他，我真不知道该怎么办了。"

销售导师说："如果营业厅的激励机制让多名员工，多次产生误会，那么一定是你的激励机制陷入了误区，反之，则是员工对激励机制认识不足，你应该加强员工对激励机制的学习。"

营业厅盈利法则：

激励一旦陷入误区，那么好事就会变成坏事。

销售导师接着说："对于营业厅来说，激励机制主要有三大误区。第一，激励就是物质奖励。有些营业厅经营者认为，激励就是物质奖励，不论员工做出了怎样优异的成绩，只要给点物质奖励就可以了。这个误区所造成的结果就是，不仅没有起到激励员工的作用，反而让员工对营业厅失去信心。第二，激励方法可以完全一样。有些营业厅经营者不根据实际情况，进行不同的激励，反而把所有的激励都'一刀切'，所有的员工、所有的成绩都实行一种激励方法。这个误区所导致的结果就是，员工对激励失去了兴趣，认为有激励和没有激励都是一样的。第三，有了激励机制就能够获得激励效果。作为营业厅的经营者，你必须要清楚，如果激励机制无法彻底实施，激励是不会自动产生效果的。简单地说，激励机制不等于激励效果，想要得到效果，你必须把激励机制执行到位。”

营业厅盈利法则：

走出激励的误区，营业厅才能够真正激励员工，并且获得意想不到的激励效果。

俞月在笔记本上记录：“要想正确地激励员工，必须要正视自己的错误，并及时纠正陷入误区中的激励机制。”

工具8：销售龙虎榜使用说明书

（一）销售龙虎榜说明。营业厅内部的销售排名冠军榜，统计时间不限，一个星期、一个月、一个季度都是常见的统计时间。通常情况下，对于营业厅销售员的业绩统计，用毛利的比较多，也有的营业厅用纯利统计。销售业绩最高的销售员就会占据第一的位置，对于第一名营业厅不仅要在龙头的位置贴出照片，而且要给予相应的物质奖励，并给予龙头销售员一些特殊的优惠政策。

（二）销售龙虎榜的席位。销售龙虎榜必须要有非常明确的席位，第一名就是第一名，绝对不能马虎或者混淆。营业厅要在龙虎榜上把每一个席位都区别开，让看到龙虎榜的人，一眼就能够辨认出谁是龙头，谁在营业厅中最受重用。

（三）龙头席位。龙头的席位只有一个，绝对不要出现并列的情况，如果两个销售员的业绩一样，龙头的席位宁愿缺着，也不要并列第一。这样做是为了激励营业厅销售员，只做第一，只做龙头。

（四）活跃席位。通常情况下，活跃席位是两个到三个，不要太多，如果活跃席位太多，不仅会分散销售员对龙头的关注，也会让龙头席位失去应有的意义。简单地说，活跃席位就是销售业绩的第二名到第四名。

（五）关注席位。关注席位不参加龙虎榜的排名，而坐上关注席位的销售员是进步最快、销售业绩提高最多的销售员，也是营业厅内最具竞争实力的销售员。

工具9：店长辅导操作手册

辅导操作类别	操作程序	辅导技巧	注意事项	获得结果
示范辅导型	店长对于辅助项目亲自进行示范，让员工记住每一个示范的步骤，然后再让员工自己操作。	店长在示范的时候要慢，并且每一个步骤都进行详细的讲解，让员工能够记住这些操作流程。	示范只是示范，店长不要手把手地教，这样容易造成员工的依赖和懒惰心理。	示范不是目的，最终的目的是要让员工能够独立操作，并且能够教会新员工操作流程。
激励辅导型	店长鼓励员工自己进行操作，并且用一些激励方法，让员工自己学会操作。	激励的方法必须正确，否则就会适得其反。店长要在了解员工的基础上，进行激励辅导。	激励要适时适度，不要因为激励个别员工，而引起其他员工的不满。	让员工独立操作的同时，也让员工对营业厅充满信心，对未来的工作充满信心。
管理辅导型	店长给员工下达指令，让员工在一定期限内，必须学会某项操作。	店长在下达指令时要果断，在下达指令后应该指定老员工来辅导新员工。	不要给员工造成过大的压力，甚至让员工认为店长是在有意为难。	店长在员工中树立威信的同时，也要让员工信服店长的领导。
长期执行型	店长随时关注员工的操作流程，随时纠正员工操作不当的地方，同时长期对员工进行辅导工作。	纠正员工错误的时候，不要当众纠正，而是要私下与员工进行沟通。	发现错误、纠正错误，纠正错误时的态度该严厉时严厉，该温和的时也要温和。	店内的员工都能够规范地操作，最大限度地避免错误的发生。

工具 10：店员辅导操作手册

辅导操作类别	操作程序	辅导技巧	注意事项	获得结果
共同操作型	店员和新店员一起操作，并且在操作的过程中，逐步地教会新店员独立操作。	第一遍店员进行操作，第二遍的时候就让新店员进行操作，否则新店员永远都会有依赖性。	不要觉得新店员不会操作，就放弃了让新店员学习的机会。	新店员可以自己独立操作了，而且也使得两个人之间的关系和谐、融洽。
亲身经历型	店员把自己的经验和教训告诉新店员，让新店员少走一些弯路，更快学会独立操作。	实话实说，既不要夸大事实，也不要隐瞒事实，这样才能够让新店员避免店员的错误。	不要吓唬新店员，也不要害怕在新店员面前丢面子，就什么都不说。	让新店员更多地了解店员和营业厅，使新店员少犯错误，同时对店员产生感激之情。
从旁辅助型	让新店员自己操作，店员只起到辅导的作用，绝对不代替新店员进行操作。	不要过多地干预新店员的操作，甚至可以让新店员犯一些小错误，这样做新店员才能够更快地进入工作状态。	记住，店员只是在辅导，其目的是为了让新店员学习，因此不要总是显示自己的能力有多强。	增加新店员的自信心，同时也能够让新店员佩服并认同店员的工作能力。
重点关注型	店员对于新店员不熟悉的操作项目，不指手画脚，只在旁边进行关注，新店员有错误时，才及时给予纠正。	不要总是指责新店员，而且纠正错误的时候不要说过激的话，要学会尊重新店员。	不要让新店员有不舒服的感觉，好像店员总是在监视新店员一样。	使新店员有归属感和安全感，懂得在遇到问题的时候，应该去请教谁。

Chapter 7

营销管理：
提升人气，更要提升利润

销售导师的第五堂课是营销管理。现代市场是营销唱主角的市场，因此任何营业厅都需要营销。准确地说，没有营销的营业厅，注定是要被市场所淘汰的。通过对营业厅进行营销管理，不仅能够积攒人气，而且还可以赢得更多的利润。

27 营业厅营销活动的目的和原则

目的一：提升产品的品牌度

销售导师提出问题，说："你的营业厅为什么要进行营销活动呢？目的是什么？"

赵亮说："我的目的就是提高营业厅的销售额。"

俞月说："我的目的是提高营业厅的知名度。"

其他学员也都说了自己的目的，销售导师一边听一边点头，他说："实际上，营销活动的主要目的有两个，第一，提升营业厅产品的品牌度；第二，提升店面的知晓率。现在，我要讲第一个目的。"

> **营业厅盈利法则：**
>
> 营业厅的任何营销活动都必须有明确的目的性，否则就是在浪费人力、物力、财力。

销售导师继续说："为了提升产品的品牌度，你需要做好三个方面的准备工作。第一，确定产品的基调，做好目标客户群的调查。通常情况下，品牌产品的基调都是统一的，但是如果你想更好地提升品牌产品的知名度，就必须要找到它与众不同的地方，而这些不一样的基调，必须与目标客户群的需求相吻合。

“第二，集中宣传产品品牌，提高品牌的覆盖率。营业厅在营销活动期间，只宣传同一个品牌，不仅要针对品牌的目标客户群，也要针对其他客户群，提高品牌的覆盖率，让每一个在营销活动期间进入营业厅的客户，都无法忘记这个品牌。

“第三，紧随时尚潮流，让品牌成为流行元素。营销活动期间，你要将品牌打造成流行元素，使参与营销活动的所有客户，都认为自己是在时尚的潮流圈中，尤其是对于不同年龄层的客户，营业厅需要为他们打造不同的时尚潮流元素。”

营业厅盈利法则：

品牌要与市场的需求接轨，这样才能够真正地拥有自己的市场和名气。

俞月在笔记上记录：“目的一：提升产品的品牌度，主要宣传方向是品牌，也是产品。要突出产品和品牌的特色，对所有客户进行无差别的宣传和推广。”

下课之后，赵亮对俞月说：“我刚开始做营业厅的时候，就是吃了品牌不响亮的亏，后来我才知道，品牌是否响亮，全靠营业厅自己的营销活动。”

目的二：提升店面的知晓率

销售导师说：“现在，我开始讲营销活动的第二个目的：提升店面的知晓率。”

有学员举手提问："营销活动需要两个目的都达到，还是达到一个目的就可以了？"

销售导师说："这需要你从营业厅的实际情况出发，能够同时达到两个目的当然是最好的，但是如果因为各种原因无法做到，也不要强求。"

营业厅盈利法则：

模棱两可的目的是很难达到的。

销售导师继续说："为了达到提升店面知晓率的营销目的，你必须要做好三项准备工作。第一，将营销活动广而告之，增加营业厅的客户群。营销活动的宣传必须是全方位、多角度的，而且要将宣传的重点放在营业厅上，使周边的客户都知道，你的营业厅正在举行营销活动。

"第二，为营业厅树立良好的、正面的商业形象。营销学家研究证实，烦琐的宣传广告语和良好正面的营业厅形象之间，客户更容易记住后者，也会对后者产生好感。因此进行营销活动时，你必须要为营业厅树立良好的形象。

"第三，提高营业厅的服务水平，扩大产品的优惠幅度。如果说营销活动的宣传只是把更多的客户请进营业厅，而要留住客户，并且让客户与营业厅达成交易，你就必要提高员工的销售和服务水平，还应扩大产品的优惠幅度。"

营业厅盈利法则：

提升店面的知晓率，必须从店面自身做起，完善的销售和服务才能够真正留住客户。

俞月在笔记本上记录："提升店面的知晓率不能只靠宣传，还必须提高营业厅自身的综合实力。我需要从各个细节工作做起，逐步完善营业厅内部的销售系统。"

原则：周期性活动持续做

俞月问销售导师，说："营业厅的营销活动需要定期进行，还是不定期进行呢？"

销售导师回答说："对于周期性的营销活动，你还是需要定期进行的。"

赵亮问销售导师，说："如果营业厅的营销活动效果非常好，我可不可以长期地、持续地做下去呢？"

销售导师回答问题，说："当然可以了，但是你要注意，在持续做营销活动的时候，一定不要让客户觉得没有新鲜感，从而对营销活动失去兴趣。"

> **营业厅盈利法则：**
>
> 营业厅营销活动的主要原则：周期性的营销活动需要持续做。

销售导师继续说："之所以要持续做周期性的营销活动，是因为周期性的营销活动不仅能够为营业厅带来持续的利润，还能够不断扩大营业厅的客户群，使营业厅能够在区域商圈中占有一席之地。

"准确地说，周期性的营销活动对于营业厅来说，不是一成不变的，即使是对同一个品牌的产品进行营销活动，你也必须要变化不同的形式，还要设定不同的营销主题。道理非常简单，如果同样的营销活动总是循环下去，则会因为缺乏创意和新鲜感而失去大批的客户。"

营业厅盈利法则：

持续做的营销活动的创意必须要适时更新，这样才能够达到营销活动的最终目的。

俞月在笔记本上记录："营销活动的原则：周期性的活动要持续做。但是活动必须要有创意，否则还不如不做。一定要记住，周期性活动的主要目的，是为了要留住并扩大营业厅的客户群，为营业厅带来更多的利润。"

下课后，赵亮和俞月遇到了销售导师，俞月特别高兴地对销售导师说："听了您的课，收获特别多，而且我的营业厅已经进入了筹备阶段，我是按照您的课程一步一步筹备的。"

销售导师笑着对俞月说："你的进步非常大，只要用心做，你的营业厅一定会成为盈利型的营业厅。"

28 营业厅营销活动常见误区

有活动，无人知

赵亮向销售导师提出问题，说："导师，我的营业厅在进行营销活动的时候，目的非常明确，而且准备工作也都算充分，但是为什么营销活动的效果不好呢？"

赵亮的问题很多学员也有同感，大家都纷纷说出自己的烦恼，不知道应该做些什么，才能够让营销活动得到应有的效果。

销售导师认真记录了大家的问题，然后说："营销活动存在很多误区，你们可能陷入了营销活动的误区。赵亮的营销陷入了有活动、无人知的误区里。"

> **营业厅盈利法则：**
>
> 营销活动的误区会误导营业厅和客户，使一切营销手段都失去了效用。

销售导师继续说："要想摆脱'有活动、无人知'的营销误区，首先，你要做好营销活动的宣传准备工作。对于营销活动来说，宣传是必不可少的重要环节。有些营业厅经营者认为，只要营销活动开始了，客户自然就会知道，所以觉得没有必要专门进行宣传。这样的想法正是让营销活动陷入误区的重要原因之一。

“其次，你要有针对性地扩大宣传对象。营销活动的宣传需要重点突出，针对目标客户群的特点，营业厅需要制定不同的宣传策略，不仅要让目标客户群能够参与营销活动，也要利用目标客户群的影响力，扩大营销活动的知晓率。

“最后，你要利用一切手段，为营销活动造势。在宣传营销活动的过程中，一切合法合理的宣传手段，都应该是营业厅考虑的范围。利用一切可以利用的手段，使营销活动能够最大限度地扩大影响力。简单地说，无论是花钱的宣传，还是不花钱的宣传，只要有用，营业厅就可以采用。”

> **营业厅盈利法则：**
>
> 走出有活动、无人知的营销误区的最佳方案就是，有活动，有人知，而且要众人知。

俞月在笔记本上记录：“营销活动的第一个误区‘有活动，无人知’，要想避开这个误区，就必须要加大营业厅对营销活动的宣传力度。”

体验优惠券在门前派发

销售导师说：“营销活动的第二个误区是‘体验优惠券在门前派发’。”

销售导师的话音刚落，就有学员举手提问：“那我的体验优惠券应该在哪里派发呢？还有我为什么不能在门口派发呢？”

学员甲接着问：“是啊！导师，如果我不在门口派发体验优惠券，我就无法统计有关体验优惠券的数据和信息，那么会浪费很多的体验优惠券的。”

销售导师耐心地听完学员们的问题，然后说：“体验优惠券就是为了让更多的客户得到体验和优惠，在门口派发不仅不能达到广而告之的目的，还限制了客户群的扩展，这对营销活动没有任何益处。”

营业厅盈利法则：

体验优惠券是宣传的一部分，只在自家门口宣传，很难达到宣传的真正目的。

销售导师继续说：“首先，不要总是斤斤计较成本问题。虽然扩大派发范围，会让一部分体验优惠券被放弃，却可以扩大宣传面。

“其次，对体验优惠券的数据和信息统计，你需要用更加科学的方法。你只需要对体验优惠券的总数进行统计，而收集数据和资料的任务交给员工即可，并且指定具体负责人就可以解决问题了。

“最后，作为营业厅的经营者，你必须要懂得哪些经费是该花的，哪些经费是该省的，如果你无法有效控制营销成本，你的营销活动则注定要失败。”

营业厅盈利法则：

体验优惠券必须要达到体验和优惠的目的，最好的办法就是扩大派发的面积，增加人手。

俞月在笔记本上记录：“体验优惠券不能只在门口派发，还应扩大派发的面积，增加派发的人手，目的就是要扩大宣传，让更多的客户得到体验和优惠。”

下课之后，销售导师对俞月说："在刚开始经营营业厅的时候，千万不要因为资金不足，就盲目地节省，这样会让你得不偿失的。"

不了解目标顾客，盲目优惠

赵亮对销售导师说："我的营销活动有成功的，也有失败的，到现在我还没有想明白，在营销活动中究竟应该如何优惠，才能够让客户更满意呢？"

销售导师思考了一下，然后说："不知道如何进行优惠活动，就说明你并不完全清楚目标顾客，也不知道目标顾客的具体需求。"

俞月问销售导师："优惠和目标顾客之间有必然的联系吗？"

销售导师点了点头，说："无论从营销活动的角度说，还是从营业厅日常经营的角度说，清楚目标顾客才能够定位顾客的需求，明白了顾客需求之后，才能够有的放矢地进行营销活动，而营销中的优惠则能够'对症下药'。"

营业厅盈利法则：

应针对目标顾客的具体需求，来策划优惠活动。

销售导师继续说："营业厅一定会有相对固定的目标顾客，这些目标顾客的需求，才是营业厅营销活动的真正目的。因此，当营业厅在营销活动中没有确定目标顾客的时候，营销就成了一句空话，优惠也变得非常盲目而无效。

"不了解目标顾客的需求而盲目地进行优惠活动，这是营业厅营销活动中又一个常见的误区。准确地说，在营销活动进行之前，你首先要确定此次营销活动所针对的目标顾客，以及所辐射的其他顾客，其次要以目标顾客的需求为主导，制定一系列的优惠政策和活动。

“这些优惠的政策和活动，不仅要能够满足目标顾客的需求，也要满足其他顾客的需求，这样，你的优惠活动才能够收到预期的效果。”

> **营业厅盈利法则：**
>
> 优惠有针对性，目标顾客才会满意，营销活动也才会真正带来利益和利润。

俞月在笔记本上记录：“先确定目标顾客，再确定他们的需求，最后确定优惠的政策和活动，这样，营销活动才能够取得预期的效果。”

只让利，无营销

销售导师说：“营销活动中最大的误区就是‘只让利，无营销’。简单地说，营销活动的过程中，只将优惠给了顾客，却没有让顾客明白，为什么会有优惠，这些优惠从何而来。于是顾客在享受了优惠之后，立刻就会忘记你的营业厅。”

俞月向销售导师提问：“导师，让利不就是营销吗？”

销售导师摇了摇头，严肃地说：“让利只是营销的一种手段，不能够完全代表营销。应该有一些学员的想法和俞月是一样的，这样的想法是错误的。把让利错当成了营销，不仅会影响营销活动的效果，而且会浪费营业厅的人力物力和财力。”

> **营业厅盈利法则：**
>
> 让利绝对不能够和营销等同起来，否则你的营业厅会为此付出非常惨重的代价。

销售导师继续说："营销活动需要在让利的基础上，一方面加强对营业厅和产品的宣传力度；另一方面需要针对不同的顾客群，最大限度地满足顾客的需求，如此一来，营销活动才能够达到预期的效果。

"简单地说，只让利不营销的营销活动，只会让营业厅'赔本赚吆喝'，最终甚至连吆喝都无法赚取。营销活动必须要有让利的部分，但是还得有营销内容，使顾客在享受让利的同时，能够记住营业厅和产品，从而扩大目标顾客群和营业厅的销售范围。"

> **营业厅盈利法则：**
>
> 让利要有让利的标准，也必须要获得让利的预期效果。

俞月、赵亮在下课之后与销售导师进行沟通，销售导师说："在实际的营销活动中，让利只是为了吸引更多的顾客，绝对不能够成为营业厅最终的目标。"

俞月说："我明白了，让利可以有，但是不能平白无故地让利，让利是为了营销活动而服务的。"

赵亮笑着看了看俞月，说："小学妹真是越来越有老板气质了。"

于是三个人都开心地笑了起来。

体验活动的服务不到位

赵亮向销售导师提出问题，说："为什么有很多顾客来店体验，却很少有顾客会购买产品呢？"

销售导师把赵亮的问题交给大家来讨论，他说："我认为赵亮的问题很有普遍性，所以大家都来讨论一下吧！"

学员们都积极参与到讨论中，最终形成了两个截然不同的结论，第一种结论是“顾客过于挑剔，再完美的产品顾客都能够挑出毛病”。第二种结论是“营业厅的问题，体验活动在开展的过程中，营业厅的服务没有跟上，所以造成了成交量小的结果”。

营业厅盈利法则：

体验活动不能只有体验而没有服务，否则就会直接影响营业厅的成交量。

销售导师认真记录之后，说：“对于第一种结论我不作过多的评价，一家只会挑剔顾客的营业厅，只会在经营上一败涂地。我认为，第二种结论是非常正确的，因为体验活动的服务不到位，所以直接导致了成交量的下降。

“顾客在体验产品的时候，营业厅的销售人员一定要适时适度地与顾客进行交流，随时掌握顾客的体验感受和消费心理，以便及时提供服务。同时，销售人员应该运用自己的销售技巧，促使顾客在体验中产生购买意向，并且最终愿意与营业厅达成交易。”

营业厅盈利法则：

体验活动与销售服务必须是同步的，这样，顾客才能够顺利地从体验环节过渡到购买环节。

下课之后，销售导师问俞月，“这一堂课，你的笔记是如何记的呢？”

俞月对销售导师说：“我是这样记的，‘体验活动中的服务一定要与顾客的消费心理同步，否则体验活动虽然热闹，却无法带来利润。所以我要记住，体验活动不仅要为顾客提供体验产品的机会，而且更要为顾客提供专业的服务’。”

赵亮对销售导师说：“看来，我也要开始记笔记了。”然后他转过头对俞月说：“小学妹，你的笔记本借给我看一看呗！”

29 营销活动的前期调研

市场状况调研

俞月问销售导师，说："在营销活动之前，我都应该做什么啊？"

销售导师回答说："营销活动之前你应该进行一系列的调研工作，包括市场状况调研以及营业厅状况调研。"

赵亮又问："市场状况调研需要我做什么呢？"

销售导师说："需要你针对营销活动的内容和目的，对市场的现状进行调研，为营销活动做好数据储备。如果在营销活动之前，你没有做好市场状况的调研，就很可能会导致营销活动的内容和目标不符合市场的需求，使营销活动不能够获得成功。"

> 营业厅盈利法则：
>
> 市场状况是营销活动的生存环境，因此把握市场才能够获得营销活动的成功。

销售导师继续说："在对市场现状进行调研的时候，你需要从三个方面着手。第一，确定调研的范围和目标。针对营销活动的内容，确定需要调研的市场范围，明确调研的目标。如此一来，市场现状的调研工作，才能够不盲目、有秩序。

“第二，收集各种信息和资料。在确定的市场范围中，收集一切能够收集的信息和资料，并将所有的信息和资料分类整理好，以备在营销活动需要的时候，对其进行深入的分析。准确地说，市场中的信息和资料，都是营销活动最佳的成功保障。

“第三，确定抽样调研的客户范围。市场的调研一定要有针对客户的抽样调查，用客户的现状来反映市场的现状，才是最有效、最准确的。因此，对于客户的抽样调查，你一定要做好充分的准备。”

营业厅盈利法则：

对市场现状把握得越准确，营业厅的营销活动才越具有成功的可能性。

俞月在笔记本上记录：“市场是必须要清晰把握的，否则营销只能失败。但是对市场现状的调研工作，一定要有序地进行，不能盲目，也不能过于自以为是。”

营业厅状况调研

销售导师说：“讲过了市场状况的调研，现在我要讲营业厅状况的调研。简单地说，营业厅的状况调研要配合市场状况的调研展开，同时也要符合营销活动的内容和目标。”

赵亮问销售导师：“我对自己营业厅的情况非常清楚，为什么还要专门调研呢？”

学员甲也说："是啊！平时多了解一些营业厅情况，营销活动之前没有必要重新调研吧？"

销售导师摇了摇头，很严肃地说："这样的想法是错误的，因为无论你在平时的时候，对自己的营业厅状况有多么了解，但是营销活动需要的营业厅资料和信息都是不一样的，所以你必须进行专门的调研工作。不过，如果你随时都掌握着营业厅的状况，那么调研起来会非常省时省力。"

> **营业厅盈利法则：**
>
> 虽然营销活动需要进行专门的营业厅状况调研，但是平时的积累也是非常重要的。

销售导师继续说："在进行营业厅状况调研的时候，你需要做好三项工作。第一，全面了解营业厅的经营现状。对营业厅进行了解不是一朝一夕的事情，作为营业厅的经营者，你必须时刻对营业厅的情况了如指掌。如此一来，在营销活动的时候，你才能够轻易调动自己的'数据库'。

"第二，了解营业厅的人员情况。营销活动中人员的配置是非常重要的，因此你要充分了解营业厅人员的情况以及他们在各项工作的具体表现。这样做是为了在营销活动中，配置最合适的人员，取得最好的营销效果。

"第三，针对营销活动做出适度的调整。在营销活动期间，营业厅的销售和日常经营会受到一定程度的影响，因此，你需要针对营业厅的状况以及营销活动的需要，做出适度的调整，以此保证营业厅能够在营销活动期间做到两者兼顾。"

营业厅盈利法则：

营业厅的一切都要为营销活动服务，但是也不要影响营业厅的日常经营工作。

俞月在笔记本上记录："营业厅的情况应该在平时的时候进行总结和归纳，这样，针对营销活动而进行的营业厅现状调研就可以省时省力了。"

调研分析

俞月问销售导师，说："导师，调研之后我还需要做什么呢？"

销售导师说："调研之后，你需要对调研所取得的数据、资料、信息进行汇总，然后做出最终的分析报告。"

赵亮苦恼地揉了揉鼻子，说："啊！还要写报告啊！我最头疼写东西了。"

销售导师微笑着说："调研的分析报告必须由你来写，因为只有你写的报告才具有一定程度的权威性，不仅能够让营业厅的员工信服，而且也提高了你对营销活动的掌控能力，所以你必须要锻炼，不能怕麻烦。"

营业厅盈利法则：

调研的分析必须具有完整性和权威性，否则前期的调研就等于做了无用功。

销售导师继续说："你在做调研分析的时候，需要注意三个问题。第一，调研的资料、数据、信息是否真实、准确。要想获得准确的调研分析结果，为营销活动做好一切准备，就必须把所有的资料、数据、信息进行重新筛选，挑出对营销活动有用的，进行进一步的分析。

“第二，分析客户的调查问卷的方法是否正确。客户的调查问卷也需要你进行重新挑选和分析，找到与营销活动相符合的问卷，准确地分析出营销活动的目标客户群。如此一来，营业厅的营销活动才有针对性，才能够保证营销活动的成功。

“第三，调研分析报告是否具有权威性。对于市场状况和营业厅状况的调研，必须要在经过周密分析之后形成文字报告，这样做是为了让营业厅员工都能够清楚调研分析的结果，以便在营销活动中可以广泛地、具体地应用。”

营业厅盈利法则：

调研分析报告必须简洁明了，以便让所有员工都懂得如何应用。

俞月在笔记本上记录：“调研的最终目的是分析，而分析的最终目的是为了更好地应用。”

工具 11：P-E 匹配模型

个体环境匹配模型	主观意识	客观条件	心理基础	回报概率
需求匹配模型	在主观意识上，营业厅必须知道顾客的需求，以此来达到营销活动与顾客需求之间的匹配。	营业厅必须要创造出良好的客观条件，使得顾客的需求与营销活动相匹配，同时也让顾客在营销中获得多于需求的匹配。	顾客的心理基础就是需求，这是非常真实的需求，如果营销可以匹配，那么顾客就会参加并购买产品，反之，则不会。	顾客不仅要求匹配，更要求回报率，如果营业厅的回报率低于顾客的期待，那么顾客很可能就会离开营业厅。
能力匹配模型	营销活动与营业厅的能力是否匹配，营业厅应该有主观的判断，了解自己的能力，才能够策划出更好的营销活动。	营业厅凭借自己的能力创造出能够与顾客需求相匹配的营销活动。从根本上来说，客观条件是可以改变的，单看营业厅是否有能力进行匹配。	营业厅能力与营销活动之间是否匹配，营业厅要从心理上接受现实，不能够好高骛远，也不可以妄自菲薄，能力就是能力，可以提高，但是不能够逃避。	承认能力的匹配，营业厅才能够提高能力，这就是营业厅的回报。不要拔高自身的能力，否则就会受到市场的严厉惩罚。
标准匹配模型	营销活动在开始之前，营业厅的各项工作都是有标准的，这些标准与营销是否匹配，就必须要靠营业厅自身的努力。	客观条件会制约营销和标准之间的匹配，经过努力之后，如果无法匹配标准，那么营业厅也必须承认客观现实。	标准能够匹配是最好的结果，如果不能够匹配，营业厅也必须要在心理上接受，并且做好备选方案。	通常情况下，标准的匹配是硬指标，营业厅的回报率就是能够达成标准，让营业厅的能力再上一个台阶。

30 营销活动的方案制定

确定营销主题

销售导师说："今天这一讲的主题是营销活动的策划案要如何制定。成功的营销活动必须要有好的策划案作为后盾，否则营销活动会成为无根之木，无源之水。"

俞月向销售导师提出问题，说："如果是周期性的营销活动，也需要营销策划案吗？"

销售导师点了点头，说："任何营销活动都需要完整和详细的策划案，即使是周期性的营销活动，如果没有完整详细的策划案，也会面临失败的危险。"

> **营业厅盈利法则：**
>
> 营销活动必须有策划案的支持，否则活动就会变得非常混乱，很难达到预期的效果。

销售导师继续说："制定营销活动方案的第一步是要确定营销活动的主题。实际上，营销活动的主题所针对的就是目标客户的需求，也是市场在这段时期的主要需求。营销活动如果能够满足这些需求，就能扩大市场占有率，提高营业厅的利润。

“准确地说，确定了营销活动的主题之后，你才能根据主题制定其他的策略、方法、目标。如此一来，既能保证营销活动的效果，也能使营业厅获得更多的利润。那么营销活动的主题要如何确定呢？

“第一种方案：需求确定法。顾名思义就是以目标顾客的需求作为主题，在满足目标顾客需求的同时，也能够扩大营业厅的影响力，使营业厅在目标顾客群众面前树立良好正面的形象。

“第二种方案：市场确定法。通过科学的市场调查，得出市场近期的需求，并且以此作为营销活动的主题，如此一来，不仅能跟随市场的脚步，也能在一定程度上获得市场的认同。”

营业厅盈利法则：

营销活动的主题一定要明确，且必须要得到市场和顾客的双重认同。

俞月在笔记本上记录：“主题奠定了营销活动的基调和基本内容，因此做营销活动要先确定主题。”

确定销售政策

俞月向销售导师提出问题，说：“导师，营销活动中的销售政策，与主题是一回事吗？”

销售导师回答说：“营销主题可以决定销售政策，但它们是两件事情，在营销活动方案中，你必须要分别制定。”

赵亮问销售导师，说：“导师，销售政策如何制定，才能够让客户既获得优惠，营业厅又不至于赔本呢？”

销售导师回答：“很简单，销售政策要适度、合理，最大限度地满足客户需求的同时，你也要最大限度地降低经营成本。如此一来，销售政策才能够推动营销活动的进行。”

营业厅盈利法则：

销售政策的制定不仅要有利于客户，也要顾及营业厅本身的利润问题。

销售导师继续说：“在营销活动中，要想制定出两全其美的销售政策，你必须要做好三项工作。第一，明确销售政策的目的。这是制定销售政策，你需要解决的第一个问题。有了明确的目的之后，销售政策就可以初见雏形了。

“第二，制定灵活的销售政策。销售政策中应该包括折扣、优惠、返利、奖励等策略，而且这些策略你需要灵活运用。比如：折扣和返利，有些客户喜欢返利，有些客户则喜欢直接的折扣，那么在面对这两种客户的时候，折扣和返利的销售政策，就需要灵活地运用了。

“第三，为销售政策做好充分的人力物力准备。销售政策一旦确定，营业厅就必须要及时准确地为销售政策提供最合适的人力物力。因为只有人力物力准备得充分，才能够让销售政策贯彻得彻底。”

营业厅盈利法则：

销售政策对于营销活动来说，最具有吸引力，也是最关键的重要环节。

俞月在笔记本上记录："销售政策是营销活动成败的关键，因此要灵活变通，以便随时适应客户的需求。"

确定目标客户

销售导师说："接下来，你的营销活动方案要确定的就是目标客户。"

俞月问销售导师，说："导师，营业厅在开始经营的时候就已经明确了目标客户，营销活动还需要单独确定目标客户吗？"

赵亮也问："是啊！营业厅的每一次营销活动都要重新确定目标客户吗？"

销售导师思考了一下，说："你们两个人的问题其实是一个，就是营销活动是否有必要重新确定目标客户。我的答案是非常肯定的，每一次的营销活动都需要在方案中，重新确定目标客户。"

营业厅盈利法则：

目标客户不是一成不变的，在不同的营销活动中，目标客户都会有相应的变化。

销售导师继续说："确定此次营销活动的目标客户，你需要做好以下三点。第一，确定营销主题和目标客户之间的关系。营销主题是决定目标客户的重要因素之一，同时营销主题和目标客户之间也是相辅相成的关系，两者需要互相配合，才能够使营销活动达到预期的目的。

“第二，规划目标客户范围。根据营销活动的主题以及整体的策划案，划定目标客户的大致范围。通常情况下，划定的目标客户范围，不仅能够作为最终确定目标客户的参考，也能够帮助营业厅更好地了解目标客户群的整体情况以及市场的现状。

“第三，确定目标客户带来的利润。营销活动就是为了获得更多的盈利，因此目标客户必须能够带来足够的利润，如果目标客户带来的利润不充足，就说明你选定的目标客户不适合此次的营销活动，你还需要对目标客户进行进一步的调整。”

> **营业厅盈利法则：**
>
> 目标客户首先要为营销活动带来足够的利润和动力，其次则是可以提高营销产品的知晓率。

俞月在笔记本上记录：“目标客户是营销活动的主体，不仅要有足够的能力支撑营销活动，而且还要为营销活动带来更多的益处，因此对目标客户的定位需要慎之又慎。”

确定营销时间

销售导师提出问题，说：“营销活动的方案中，还有一个关键点能够决定营销的成败，你们认为是什么呢？”

学员甲说：“是营销的时机，时机最重要了。”

学员乙说：“我同意，上一次我的营业厅在做营销活动的时候，就因为选错了时间，结果非常糟糕。”

赵亮说："对啊！营销时间非常关键，有时候早一天和晚一天，结果大不相同啊！"

销售导师非常满意地点头，说："大家的进步都非常快，我真的非常高兴。你们的答案都是正确的，就是要选对营销的时间，因为营销时间选对了就能成功，选错了则会失败。"

营业厅盈利法则：

营销的时间就是时机，所以你需要慎重选择。

销售导师接着说："要想选择正确的营销时间，你必须要做好两个方面的工作。第一，认真分析市场和客户现状，找到最合适的时间点。市场和客户的现状就是营销的时机，而把一切的有利条件都汇总起来的时间点，就是你需要的营销时间。你要注意，对于营销时间不能过于要求完美，否则你就会错失良机。

"第二，确定营销时间之后，要尽快完成准备工作。营销时间一旦确定，就不要轻易改动，除非遇到不可抗力。在营销时间确定之后，一切的营销准备工作必须在一定的时限内完成，以此来确保营销活动能够顺利进行。简单地说，时间就是时机，俗语说'机不可失，失不再来'，因此必须严格遵守已经确定的营销时间。"

营业厅盈利法则：

营销的时间既要有利于活动的进行，也要顺应市场和客户的需求。

俞月在笔记本上记录："营销的时间实际上就是市场的时机，选择对的时间，就能够在营销活动中获得预期的效果。如果时间不对，营销活动的效果很可能会大打折扣。从时间点来说，营销需要天时地利人和。"

营销主题口号

销售导师说："现在，我要讲营销活动方案的最后一个项目：营销活动的主题口号。"

赵亮说："现在都什么时代了，口号什么的都落伍了。"

俞月也说："导师，其实真的没有必要用什么口号。"

销售导师微笑着说："与你们有同样想法的人不在少数，但是营销活动的主题口号，是营销活动中不可缺少的一环，否则你的营销活动就会受到严重的影响，甚至会让营销活动功亏一篑。"

> **营业厅盈利法则：**
>
> 营销活动的主题口号是对外宣称的统一口径，更是营业厅自我形象的代表。

销售导师继续说："道理非常简单，营销活动的主题口号主要有两个作用。第一，对外宣传的时候口号一致，可以加强客户的瞬间记忆。主题口号的一致性，不仅可以提高营销活动的宣传力度，而且能够加强客户的记忆。在一次营销活动中，最好只有一个主题口号，以便能够让主题口号更加深入人心，并且吸引更多的客户参与营销活动。

"第二，营销活动的主题口号可以让客户在第一时间，了解营销活动的主要内容。营销活动的主题口号，往往是吸引客户参与的第一要素，当客户听到感兴趣的主题口号时，一定会第一时间进入营业厅。营销主题口号最好只是一句话，要简明扼要，让客户听到之后，第一时间就知道营业厅正在进行何种营销活动。”

营业厅盈利法则：

主题口号要简单时尚，既要符合目标客户的审美，也要符合大众的审美。

下课之后，俞月、赵亮和销售导师进行沟通，销售导师说：“你们现在知道主题口号的重要性了吗？”

俞月说：“我知道了，主题口号不仅能够让营销活动进行得更加顺利，还能够吸引更多的客户参加营销活动。”

赵亮也说：“过去是我忽视了，今后在营销活动中我一定加强主题口号的宣传，这样营销活动一定会收到更好的效果。”

31 营销活动的陈列布置

宣传物料和礼品的准备

俞月对销售导师说："导师，营业厅的营销活动需要单独布置吗？为了节省营销的成本，宣传品可不可以简单一些呢？"

赵亮说："导师，我也有同样的问题，尤其是营销活动的礼品，实在需要很多的费用，能省就省嘛！"

销售导师摇了摇头，说："必须要单独、重新布置营业厅的陈列，这是为了提高营销活动的氛围和影响力；宣传品和礼品都需要重点准备，不能够'能省就省'，因为品质低廉的宣传品和礼品，不仅会影响营销活动的效果，更会影响营业厅的整体形象。"

> **营业厅盈利法则：**
>
> 会花钱才会赚钱，不要节省一些必要的开支，否则就会使营销活动功亏一篑。

销售导师继续说："在准备营销活动宣传物料和礼品的时候，你需要做好以下三点。第一，了解营销活动的全部需求，进行数据上的核算。在营销活动的准备期，你要准确估算所需要的宣传物料和礼品的数量，同时与各个部门的主管核实这些数据。

“第二，严格掌握质量，使宣传物料和礼品符合营业厅的品质。因为宣传物料和礼品代表的就是营业厅的形象和品质，所以无论在质量上还是在陈列上，都要讲究品质。

“第三，由专人掌控宣传物料和礼品，严格控制进出。宣传物料和礼品，必须要有专人负责管理，进出最好都要有负责人签字确认。宣传物料的陈列不仅要美观大方，而且其位置和数量都需要有专人管理。在营销现场发放礼品的时候，也必须要有专人记录数量和领取礼品的人次。”

营业厅盈利法则：

宣传物料和礼品都是营销活动现场最重要的物品，因此需要有专人进行管理。

俞月在笔记本上记录：“营销活动中的宣传物料和礼品，一方面需要专人进行严格管理，另一方面也需要制定严格的制度保障。”

营业厅布置

俞月问销售导师，说：“营销活动期间，营业厅布置需要全部更换吗？这需要很多费用啊！”

销售导师回答说：“营业厅需要重新布置，但是不必大动干戈，只需要为营销活动辟出一片专区就可以了。”

赵亮问销售导师，说：“营销活动的专区在活动之后应该如此处置呢？这个问题真的让我很头疼。”

销售导师回答说："你可以在营业厅内设立专区，专门举行各种营销活动，或者在节假日和特殊日子举行一些活动，还可以联系厂家，让厂家自己做宣传。如此一来，你的问题就彻底解决了。"

营业厅盈利法则：

营销活动需要设有专区，而营业厅其他区域的布置，也需要进行相应的变动。

销售导师继续说："在营销活动期间，不仅要对营销专区进行布置，也要让营业厅的整体布置，都与此次营销活动的主题相符合。因此，你需要做好三项工作。第一，确定营销活动的主题，专区布置必须突出主题。为营销活动布置的专区，一定要突出营销活动的主题，要让目标客户在进入营业厅的第一时间内，就对营销活动产生兴趣。

"第二，专区专人负责，其他营业厅员工也必须培训。实际上，营销人员也是布置的一部分，让营销专区的员工都穿上与主题相同的服装或者服饰，引发客户的好奇心，进而询问关于营销活动的相关细节。不是营销专区的人员，也必须要对营销活动了如指掌，千万不能对咨询的客户说：'我不知道。'

"第三，用布置营造氛围，为营销活动加分。营销时期的营业厅布置，需要与营销活动相得益彰，起到烘托营销活动气氛的作用。简单地说，营业厅的布置要为营销活动加分，而不是给营销活动拆台。"

营业厅盈利法则：

营业厅在营销活动期间的布置，不仅要实用大气，最重要的是要配合营销活动的主题和需求。

32 营销活动的后台支撑

销售工具准备

销售导师说："在营销活动期间，一切的前台销售都必须有后台的支撑，否则即使前台的销售情况非常好，也不能取得预期的营销效果。"

俞月向销售导师提出问题，说："后台支撑这么重要，是不是要有专门员工进行操作呢？"

赵亮也问："是啊！如果营业厅没有这么多人手怎么办呢？"

销售导师回答："后台的支撑需要在营销活动之前就做好准备，只要准备得充足，在营销活动期间，后台支持的人数可以适度减少一些。"

> **营业厅盈利法则：**
>
> 营销活动的准备工作越充足，启动之后，营销活动的效果才会越好。

销售导师继续说："营销活动需要的第一个后台支撑就是销售工具的准备，所谓的销售工具就是可以辅助和促进销售的一切物品，比如：产品介绍的宣传品、印有营业厅标志的辅助产品等。要想充分准备好销售工具，你需要做好两个方面的工作。第一，确定销售工具的品种和类型。针对目标客户和市场的不同需求，销售工具需要有不同的品种和类型。比如：说明书、图片、获奖证书以及各类的纪念品等。通常情况下，销售工具分为销售前的辅助工具、销售中的辅助工具和销售后的辅助工具。而销售工具的具体形态，就是你要具体准备的物品，比如：产品画册、纪念鼠标垫等。

“第二，保证销售工具的质量和数量。销售工具对于营销活动来说是辅助产品，但是对于客户来说则是营业厅的形象和品质。因此你必须要保证销售工具的质量，千万不要使用粗糙而没有质感的销售工具，没有品质的销售工具，会大幅度降低营业厅在客户心目中的形象。

“在营销活动期间，你还要保证销售工具是充足的，不要在营销活动还未结束时，销售工具就已经派发完毕，使后来参与的客户认为，营业厅是因为实力有限，所以才导致了销售工具的短缺。”

> **营业厅盈利法则：**
>
> 销售工具是营业厅实力的象征，营销活动期间必须准备充足。

目标客户信息收集

销售导师提出问题，说：“在你们的想法中，还有哪些后台支撑需要提前准备的呢？”

学员甲说：“凡是营销活动需要的，都必须提前准备好。”

学员乙说：“我怎么觉得要准备的物品千头万绪，都不知道该先进行哪一项了。”

俞月说："既然销售工具都准备好了，接下来应该就是客户了，可是关于客户需要准备什么呢？"

销售导师微笑着说："俞月的思维方式是正确的。接下来你要做的就是，收集目标客户的信息。"

营业厅盈利法则：

目标客户的信息对于营销活动是至关重要的，因此你必须针对营销活动收集新的客户信息。

销售导师继续说："营业厅里一定有关于目标客户的资料和数据，但是这些资料和数据不一定符合此次营销活动的需要，因此你要针对此次营销活动的特点，重新收集目标客户的信息和资料。首先，你要制定统一的收集信息方案。方案要包括需要收集的客户群以及具体要收集哪些信息。收集的方案越明确，收集来的信息就会越有效用。

"其次，你要用营销活动的角度，对收集来的新信息进行科学分析。营业厅现有的信息和数据都是可用的，你只需要把现有的信息和新收集的信息进行比较和分析，就能够得到最新的目标客户信息。根据目标客户的信息来策划营销活动就会更有针对性，成功的概率也会大幅度提升。"

营业厅盈利法则：

目标客户的信息是通往成功的大门，因此收集工作必须具有针对性。

俞月在笔记本上记录："统一收集目标客户信息的方案，使员工可以更加有效率地工作。”

短信、外呼模板准备

俞月问销售导师，说：“在开始营销活动之前，我有没有什么方法，可以让营业厅的老顾客都知道呢？”

销售导师回答：“你可以给老顾客统一发短信，或者进行统一的外呼活动，如此一来，你为顾客建立的档案就起到了作用，而且还能够让老顾客为营销活动进行宣传。”

赵亮问销售导师，说：“导师，我对短信、外呼这种模式表示怀疑，真的有用吗？”

销售导师继续回答：“当然有用，只是你要准备好短信、外呼的模板，这些模板都要符合顾客的消费心理和消费习惯。”

> **营业厅盈利法则：**
>
> 发给老顾客的短信、外呼，都必须要符合顾客的消费心理和消费习惯，才能够达到预期的效果。

销售导师接着说：“在准备短信、外呼模板的时候，你需要从两个方面着手。第一，语言表达要简练，而且要符合顾客的阅读习惯。语言一定要简洁，而且要将此次营销活动的主题、内容、优惠、时间等都说得非常清楚，使顾客第一时间就明白此次营销活动的主题是什么。要想做到这一点，短信、外呼的模板还要符合顾客的阅读习惯，通常情况下，顾客在阅读的时候，记忆最为深刻的是前三行内容，因此你要根据顾客的阅读习惯，好好地安排模板的内容。

“第二，模板需要统一制定，不要让部门各自为战。在此次营销活动中，短信、外呼的模板一定要统一，而且要在统一的时间里与顾客进行链接。如果各部门各自为战，不定时地向顾客发送，如此一来，不仅无法达到预期的效果，而且很容易引起顾客的反感，还会导致顾客放弃参与营业厅的营销活动。”

> **营业厅盈利法则：**
>
> 短信、外呼模板必须经过反复修改，直到让顾客满意为止。

俞月在笔记本上记录：“短信、外呼模板要符合顾客的阅读习惯，这样才能达到预期的效果，因此要谨慎对待。同时要集中营业厅员工的智慧，准备更加出色的模板。”

营销语的撰写

有学员问销售导师，说：“营销活动期间，对于营销语是不是也要像短信、外呼模板一样，需要规范和统一呢？”

销售导师回答：“是的。但是对于营销语来说，也应该保持个人的特色和风格，毕竟营销语与短信、外呼还是有所不同的。”

又有学员提出问题，说：“导师，营销语是需要员工背诵呢？还是需要员工自由发挥呢？”

销售导师回答：“两者都要有，你必须提出具体的、可操作的基础营销语，而员工则需要在此内容的基础上，根据不同的情况和不同的顾客，进行加工和丰富。”

营业厅盈利法则：

能够吸引顾客注意力的营销语，是销售成功的第一步。

销售导师继续说：“所谓的营销语就是销售时的说话艺术，准确地说，就是你用什么样的语言来打动对方，使对方愿意听你继续说下去，并且愿意接受你所传递的信息。对于营销活动来说，最有效的营销语就是‘一语中的’，用一句话就能够打动顾客的心。

“要想让营销语达到‘一语中的’的效果，作为营业厅的经营者，你就必须在营销活动开始之前，将营销语的精华撰写出来，并且让每一个员工都能够熟练地掌握和运用这些营销语的精华。因此，营销语的撰写也就成为营销活动后台支撑的重要因素之一。”

营业厅盈利法则：

营销语的撰写一要切合实际，还要符合日常表达的语言习惯。

下课之后，俞月、赵亮和销售导师进行沟通，俞月说：“我觉得撰写营销语太难了，我对自己一点信心都没有。”

赵亮也说：“别说你了，我做了这么久的营业厅，对于撰写营销语，我也没有把握。”

销售导师看着一脸烦恼的两个人说：“实际上，撰写营销语是有窍门的，第一，要懂得察言观色；第二，要善于总结；第三，要理论结合实际。只要做到了这三点，你撰写的营销语一定会非常出色的。”

销售人员培训

俞月问销售导师，说："营销活动的后台支撑应该也包括对员工的培训吧？"

赵亮接过话题，说："对员工的培训应该在平时进行，哪有临时抱佛脚的。"

销售导师说："俞月和赵亮说的都对，对于销售人员的培训，既要有平时的积累，也要有针对营销活动的培训。简单地说，营销活动是需要销售人员配合完成的，因此对于销售人员的培训是必不可少的后台支撑项目。"

> **营业厅盈利法则：**
>
> 销售人员很重要，任何营销活动的目的都是通过销售人员实现的。

销售导师继续说："针对营销活动，营业厅必须要对销售人员进行有针对性的培训，以此来保证销售人员能够圆满地完成营销活动期间的销售活动，使营销活动取得最佳的销售效果。

"你需要从两个方面培训销售人员。第一，针对营销活动的特点进行培训。营销活动一定具有一些特色，销售人员必须要熟知这些特色，并且要熟练地掌握这些特色，以便在销售工作中能够向客户介绍营销活动的特色，并展示产品与众不同之处。

"第二，针对销售人员的特点进行培训。培训的目的是为了更好地销售，而不是创造出千人一面的销售人员，因此你要做的工作就是，在培训销售的基本功之外，还要保持销售人员的个人特色，以此来满足不同客户对销售人员的不同需求。"

营业厅盈利法则：

销售人员既要有共性，也要有个性，这样才能够使营销活动更加丰富多彩。

俞月在笔记本上记录：“培训销售人员的时候，一要针对营销活动的特点，二要针对目标客户的需求。”

33 营销活动的现场执行

市场预热

销售导师说："我从今天开始讲授营销活动的现场执行，今天第一讲：市场预热。简单地说，营销活动需要预热市场，然后通过进一步观察市场的反应，及时纠正营销活动不适应市场的内容。"

俞月向销售导师提出问题，说："导师，我要如何预热市场呢？对于规模小的营业厅来说，预热市场是非常有难度的。"

销售导师回答："规模小的营业厅也需要预热市场，你不需要预热整个市场，只需要针对营销活动的内容来预热市场就可以了，因此规模再小的营业厅，也很容易对市场进行预热。"

> **营业厅盈利法则：**
>
> 市场的预热程度决定了营销活动的具体收获，因此营业厅需要重视市场预热。

销售导师继续说："市场预热的方法有很多，以下三种方法都很实用，你们可以在实际操作中应用。第一，缩小范围预热法。这种方法对于规模小、资金有限的营业厅是非常实用的，你只需要预热你需要的那一部分市场，无须对其他部分的市场做出任何行为。有些时候，集中一点发力，要比多点发力效果要好很多。

“第二，针对目标客户预热法。对目标客户说明营销活动的特色和主题，让目标客户对营销活动产生足够的兴趣，使目标顾客能够参与并宣传此次的营销活动。

“第三，产品品牌预热法。针对在市场中比较有名气的品牌，这种预热方法是非常有效果的。将品牌产品作为市场的预热点，不仅能够招揽很多品牌的忠实客户，而且还能够借用品牌的力量，扩大营业厅在市场中的影响力。”

营业厅盈利法则：

市场预热必须是多角度、多方位的，这样才能够起到宣传营销活动的目的。

现场人员分工

俞月对销售导师说：“在营销活动的现场，人员的分工应该是很重要的，我要如何对人员进行合理分工呢？”

销售导师对着俞月满意地点头，然后说：“俞月已经开始进入营业厅经营者的角色了，她的思维方式能够跟得上我的课程，对于现场人员的分工，正是今天我要讲的内容。”

有学员向销售导师提出问题，说：“营销活动的现场只要员工能够按部就班地工作就可以了，为什么还需要重新分配人员呢？”

销售导师回答：“营销活动本身就打乱了营业厅日常的人员分配，特别是在现场更需要特别的人员分工，因此按照营业厅日常的人员分工，显然是不切合实际的。”

营业厅盈利法则：

营销活动现场的人员分工，既要保证营业厅的日常工作，也要保证营销活动的顺利进行。

销售导师继续说：“营销活动现场，很多人员都是临时分工，因此你要掌握两个分工原则，就可以使营销活动现场井然有序了。第一，细化分工原则。由于现场分工都是临时性的，因此人员的分工越细化越好。细化的分工有助于人员更好地完成工作任务，也能够使营销活动现场井然有序。

“第二，临时工作由优秀员工做的原则。越是临时的工作，越需要员工的应变能力，因此参与到营销活动现场的人员，都应该是营业厅的优秀员工。这样做是为了保证营销活动能够达到预期的效果，同时为客户提供更优质的服务。”

营业厅盈利法则：

现场人员的分工无法具体指导，因此你必须了解自己的员工，才能够分配得当。

俞月在笔记本上记录：“现场人员分工不仅考验员工的工作能力，而且更考验我的领导能力。”

主持、喊麦的技巧

俞月对销售导师说：“我每一次参加营销活动，最头疼的就是主持、喊麦的人，真是特别聒噪，但是没有还不行。导师，如果是我在做主持、喊麦，要如何做呢？”

赵亮也有同样的问题，他说：“导师，主持、喊麦真的是技术活，每一次我都筋疲力尽的，但是效果都特别差。”

销售导师喝了一口水，思考了一下说：“营销活动现场的主持、喊麦是需要一定技巧的，否则你说得越多，就会让客户越心烦，甚至让其对营销活动产生抵触情绪。所以在主持、喊麦的时候，你需要言之有物，重点突出，不要让客户觉得不知道你在说什么。”

> **营业厅盈利法则：**
>
> 主持、喊麦都必须要事先练习和准备，千万不可以临时抱佛脚。

销售导师继续说：“首先，在主持、喊麦的时候，你的声音需要经过修饰，不要乱喊。没有经过修饰的声音会成为营销活动现场的噪音，不仅无法让客户知道你在说什么，而且会让活动现场的销售人员无法进行正常的销售工作。

“其次，你需要做好主持、喊麦的准备，并且要多加练习。对于主持、喊麦来说，你必须要事先付出努力，才能够胜任这一份工作。

“最后，你要懂得如何保持情绪。营销活动现场的主持、喊麦不是短时间的工作，如果没有人能够替换，有可能一个人要说一整天。在主持、喊麦的过程中，你需要随时调整自己的情绪，务必先将自己的情绪调动起来，用你的热情来感染现场的客户们。”

> **营业厅盈利法则：**
>
> 主持、喊麦情绪饱满，才能够让现场客户进入到营销活动的特定气氛中。

客户拦截技巧

销售导师提出问题，说：“在营销活动的现场，如果有客户在了解基本情况之后，突然要离开，你要如何做呢？”

学员甲说：“离开就离开吧！现场的客户来来往往很正常啊！”

学员乙说：“想办法不让他离开，派一个专门的销售人员跟着他。”

赵亮说：“拦截客户也需要技巧，硬拦着只会引起客户的反感。”

销售导师说：“赵亮说得对，拦截客户需要一定的技巧和耐心。实际上，拦截客户有两种情况，一种情况是我刚才说的，在营销活动的现场；另一种情况则是在现场的外围，将客户请进营销活动现场。”

> **营业厅盈利法则：**
>
> 客户拦截的关键点就是，不能够引起客户的任何不良情绪。

销售导师继续说：“首先，你需要拦截的不是所有离开现场的客户，而是那些耐心地了解了产品情况之后，有购买意向却决定离开的客户。

“当客户要离开的时候，你与客户之间的沟通不能够中断，想办法了解客户离开的原因。如果客户不愿意说出离开的原因，你也要继续保持你的服务热情，还要变换不同角度试探客户，但是不要让客户感觉到不适应、不舒服。

“其次，你要拦截场外的客户进入营销活动现场。这个时候，你要用熟练的说话术，与客户进行沟通。活动现场，你会遇到很多情况，对于无意和你沟通的客户，你要客气地说‘谢谢’；对于有意和你沟通的客户，你要把握住机会，快速地与客户建立沟通关系，同时进行信息的传递工作。”

营业厅盈利法则：

要想成功地拦截客户，你就必须要用语言打动客户，但是不要生硬地拦截。

俞月和赵亮在下课之后互相沟通，赵亮说：“拦截客户是一件吃力不讨好的工作，我特别不喜欢做。”

俞月说：“我觉得，如果我成功拦截了客户，就会觉得非常有成就感，也说明了我的说服能力很强。”

现场客户引导

销售导师说：“这一讲我要讲如何对现场的客户进行引导。大家有任何问题，现在都可以提出来。”

学员丁说：“导师，现场客户需要专人引导吗？如果需要，我的人手会不够啊！”

赵亮也说：“导师，我觉得只要在入口处设置引导员就可以了，场内还需要吗？”

销售导师回答：“在实际的营销活动中，现场对客户的引导是必不可少的，当然不用专人进行一对一的引导，只要在现场设置几个关键的引导点，安排流动的引导员，保证在客户有需要的时候，随时都能够得到适度的引导。”

营业厅盈利法则：

对于客户的引导，不仅关系到营销活动的成败，也能够展现出营业厅的真实实力。

销售导师继续说：“在营销活动现场，你要为客户设计出一条合理的浏览线路，在这条线路的关键点上，你必须要设置引导员。引导员的主要工作就是引导客户按照你的设计线路进行浏览，逐步了解营销活动的主题以及主要产品的功能，以此来激发客户的购买欲望。

“准确地说，对客户进行引导不仅是引导他们按照设计好的路线浏览，更是引导客户对产品产生浓厚的兴趣，使其最终能够与营业厅达成交易。因此，引导员的位置和能力是非常重要的，引导员一定要发挥出自己的作用，使客户不知不觉就‘顺从’你的引导，最终与营业厅达成交易。”

营业厅盈利法则：

进入现场的客户都是营业厅需要引导的对象，正确的引导可以提高营销活动的成交量。

客户销售清单和礼品发放登记

赵亮向销售导师提出问题，说："我的营销活动现场总是非常混乱的，而且礼品总是不够用，导师，我的问题怎么解决呢？"

学员甲也说："导师，每一次营销活动结束之后，在活动期间的销售额和销售清单总是对不上账，我应该怎么做才好呢？"

销售导师微笑着说："你们的问题很好解决，主要是工作方法上的问题。对于现场的礼品发放和客户销售的清单都必须有专人进行登记，而且登记的内容一定要及时、准确。"

> **营业厅盈利法则：**
>
> 现场登记的环节很重要，如此一来，营销活动的任何进出都能够在你的掌控范围之内。

销售导师继续说："首先在营销活动的准备阶段，你就必须要把客户销售登记，以及礼品发放登记放置在合理的位置上。简单地说，就是这两个登记必须处于完成环节，如果不登记就无法完成销售工作，如此一来，客户销售登记和礼品发放登记才能够准确、及时。

"其次在营销活动的现场，登记的地方一定要设置合理，而登记的人员也要配置合理，如此一来，客户销售的登记和礼品发放的登记才能够顺利进行，而且不影响整个营销活动的进程。

"关于礼品的发放，最好能够将礼品放置在登记处，在客户销售登记的同时发放相应的礼品，这样做是为了让登记工作能够有条理地进行，也就不会出现因为太忙而忽视了登记的情况。"

营业厅盈利法则：

登记的单据一定要完全、字迹要清楚、填写要规范，否则就失去了登记的意义。

俞月在笔记本上记录："客户销售清单和礼品发放登记是营销活动中重要的环节，不仅要有专人负责，而且要有专人检查监督，及时收取登记单。"

赵亮拿着俞月的笔记说："我也开始记笔记了，这一点我真的要向你学习。对了，你的营业厅筹备的如何了？"

俞月高兴地说："我有了销售导师和你的帮助之后，筹备工作已经快完成了，而且一切都非常顺利。"

后台物资管理

学员甲对销售导师说："我最近做了一次营销活动，其他方面都还不错，最终的成交量和销售额我都非常满意，但是后台的物资浪费太严重了，无形中提高了营销活动的成本。导师，这个问题我要如何解决呢？"

其他学员也纷纷表示，他们也遇到过类似的问题，而且都为此苦恼，希望销售导师能够帮助解决。销售导师依然耐心地听大家说完，而且把大家的意见和问题都记录下来，然后他说："在实际的操作中，后台物资的管理也是需要专人负责的，同时你也要制定针对营销活动后台物资管理的规定，使员工可以依照制度做事情。"

> **营业厅盈利法则：**
>
> 后台物资也是营销活动的重要组成部分，如果控制不当，将会直接影响销售成本。

销售导师继续说：“首先，后台物资的进出都必须登记。不仅要登记数量、种类，而且还要有领取人和负责人的签字确认，在领取重要物资的时候，还有加上部门主管的签字确认。这样做不仅可以严格控制后台物资的进出，也能够为营业厅避免不必要的浪费。

“其次，后台物资的数据需要及时更新。对于负责后台物资的员工来说，要将变动之后的数据及时上报给主管，使后台物资的使用情况更加透明化。简单地说，作为营业厅的经营者，你所掌握的后台物资数据，一定要是最新的。”

> **营业厅盈利法则：**
>
> 对于后台物资的管理需要有章有法，严格执行规定才能够降低营销活动的成本。

俞月在笔记本上记录：“后台物资是营销活动成本的一部分，有效的管理不仅能够降低营销活动的成本，也能够考验我的管理水平。”

营销方案调整

赵亮向销售导师提出问题，说：“导师，为什么我的营销方案总是得不到彻底的执行呢？而且我的员工总是说我的营销方案不切合实际，我的问题究竟出在哪里呢？”

学员甲也有同样的问题，他说：“是啊！导师，为什么原本商定好的营销方案，总是在具体实施的时候遇到很多困难呢？”

销售导师思考了一下，回答说：“实际上，营销方案不是一成不变的，对于实施的细节问题，你可以根据实际情况进行调整，以便可以更好地适应现实的情况。”

营业厅盈利法则：

适度适当地调整营销方案，有利于营销活动更加顺利地进行。

销售导师继续说：“营销方案在两种情况下，需要进行适当的调整。第一，原来的营销环境发生了变化，直接影响到营销方案的实施。无论是市场还是区域商圈，一切的商业环境都在不断变化，如果你的营销方案已经无法适应最新的销售环境，你必须要对营销方案进行及时的调整。道理很简单，你必须要适应市场环境，而不能让市场环境来适应你的营业厅。

“第二，营销方案因为细枝末节而无法实施的时候。任何营销方案在没有实施之前，都是纸上谈兵，当遇到现实问题的时候，纸上的方案就必须要做出适当的调整。尤其是因为一些细枝末节的问题而导致整个方案无法实施的时候，就是你必须要调整营销方案的时候。”

营业厅盈利法则：

调整营销方案是为了能够更好地实施。

俞月在笔记本上记录："营销方案在遇到现实问题的时候，需要根据实际情况进行调整，但是需要调整多少，调整到什么程度，都必须经过集体讨论决定。"

销售导师曾经对俞月说："在商业问题上，你千万不可以斤斤计较，或者钻牛角尖，懂得变通才能更好地经营营业厅。"

二次营销

销售导师提出问题，说："任何营销活动都不是十全十美的，那么你要如何保证参与营销活动的客户，都能够成为你的客户呢？"

俞月说："我无法保证，只能够顺其自然了。"

赵亮说："营销活动还真的不能够顺其自然，要是客户对此次的营销活动不感兴趣，你也要为他们建立客户档案，以便今后能够继续向他们进行营销。"

销售导师对着赵亮满意地点头，然后说："赵亮说得非常对，这就是你要在营销活动现场做的关键工作之一：进行二次营销。"

营业厅盈利法则：

二次营销就是客户营销，把握客户的基本资料，并且为客户建立完整的客户档案。

销售导师继续说："之所以需要二次营销，是因为第一次的营销对于客户是无效的，但是为了不彻底失去客户，你还要更努力。实际上，销售工作就是这样，充满了无限的可能性，你必须将每一种可能性都试一遍，才能够最终说有效还是无效。

“准确地说，二次营销是长期营销。二次营销不仅能够打破客户心中的壁垒，也能够证明营业厅的销售实力，这就是二次营销的益处。作为营业厅的经营者，你必须要懂得二次营销的重要性，你要把每一个参与营销活动的客户，都转变成二次营销的对象。”

营业厅盈利法则：

二次营销就是让你转变销售思路，将可能性都耐心地试一遍。

俞月、赵亮和销售导师在进行课后沟通的时候，销售导师说：“二次营销就是培养客户对营业厅的忠诚度，但是现在客户的忠诚度都不高。正因如此，所以你更要用心地培养。”

赵亮对销售导师说：“我明白二次营销的重要性，我会认真对待的。”

俞月说：“二次营销对于营业厅来说很重要，对于我来说也很重要，我只有转变旧的营销思维，才能获得新的销售理念，才能赢得更多的客户和利润。”

工具 12：客户销售清单表

序号	客户档案	产品名称	数量	金额	备注
本季度销售最好产品：					
客户成交量最大产品：					

工具 13：礼品发放登记表

序号	客户档案	礼品名称	数量	领取日期	客户签名	备注
礼品发放总数：						
礼品剩余数量：						
礼品需要补发数量：						

工具 14：短信、外呼模板

营销活动	某营业厅将在某月某日举行大规模的精品展销会，多种品牌集体降价，超低价格超高人气，现场更有惊喜等待你。某营业厅：地址、电话。
新店开业	某月某日某营业厅重装上市，经过精心的准备，某营业厅以全新面貌再一次与您见面，新形象新气象，开业当天营业厅内商品全部都是最低价，共庆开业大吉，欢迎您的惠顾。某营业厅：地址、电话。
抽奖促销	某营业厅某月某日进行会员抽奖活动，满某元既有好礼相送，机会难得，礼品全部都是店内正品，积极参与，永不落空。某营业厅：地址、电话。
节假日促销	一年一度的某节日又到来了，为了感谢广大顾客对某营业厅的支持，某营业厅决定在某节日的时候，举办大型的酬宾活动，活动期间营业厅内全部商品打某折，只要买就有好礼拿。某营业厅：地址、电话。

工具 15：一句话营销语

面对新顾客	您好，您来得真是太巧了，今天我们正在进行大型促销活动，无论您购买多少钱的商品，我们都会送您价值不菲的礼品，希望我的服务能够让您满意。
面对老顾客	您好，再次见到您非常高兴，今天我们有针对老顾客的回馈活动，会员三倍积分，而且积分可以换购很多实惠的奖品，希望您购物愉快。

续表

销售产品	您好，这是一款全新的产品，它的优点就是……而且它与同类型产品最大的区别就是……所以这款产品一定是您的菜。
介绍营业厅	您好，我们营业厅非常与众不同，不仅十分重视顾客的购物体验，还会最大限度地让利给顾客，您的口碑才是我们最好的品牌。

34 营销活动的总结分析

组织讨论

俞月问销售导师，说："什么样的营销活动总结才是最有效的呢？"

赵亮也有同样的问题，他说："是啊！导师，我每一次对营销活动总结得总是不到位，而且没有说服力。"

其他学员也纷纷说出他们自己在营销活动总结阶段所遇到的问题，销售导师认真地听着、记着，然后他说："实际上，大多数营业厅经营者都犯了同一个错误，就是只用自己的方式进行总结，而忽视了全体员工的智慧和力量。"

> **营业厅盈利法则：**
>
> 营业厅全体员工的智慧，才能够更好地总结营销活动的得与失。

销售导师继续说："当一次营销活动结束之后，你需要总结它的得与失，而最好的总结方式就是组织讨论。现在非常流行'头脑风暴'，对于营销活动总结来说，'头脑风暴'是非常实用的方法。首先，你要将营业厅的员工分成不同的小组，让他们进行自由讨论，除了设定大的主题和方向之外，你只需要认真听员工们讨论即可。

“其次，你要对员工们的讨论进行总结，然后再进行新一轮的讨论，这一次讨论你需要设定几个更加具体的主题，分别让员工小组进行讨论。讨论之后，员工小组需要派出代表，向你和其他小组进行汇报。

“最后，你需要将所有的讨论汇总起来，对悬而未决的问题进行新一轮的讨论，最终的目的就是为了将此次的营销活动讨论透彻。同时，总结经验教训，以提高下一次营销活动的质量。”

营业厅盈利法则：

善于总结才善于经营，尤其是对营销活动来说，一定要总结到位。

俞月在笔记本上记录：“务必要让营业厅的每一个员工都参与到讨论中，同时要尊重每一个员工的发言权，让员工们畅所欲言，这样做才能够达到讨论的最终目的。”

数据分析

销售导师提出问题，说：“对于营销活动来说，除了组织讨论之外，你还有什么好办法让员工们清楚营销活动的效果，而且记住营销活动的经验教训呢？”

学员甲说：“把营销活动的成果展现给员工，让他们分享这些成果。”

学员乙说：“进行进一步的分析，让员工清楚自己工作的重要性。”

俞月说：“总结之后，再进行分析，可是分析什么呢？”

销售导师微笑着说：“俞月说得很对，总结之后进行分析是对的，至于分析什么，自然是分析营销活动中所产生的一切数据。通过对数据的分析，不仅能够清楚营业厅的经营得失，还能够清楚客户对营销活动的接受程度。”

营业厅盈利法则：

营销活动的数据分析是从营业厅、客户、市场中，找到更适合营业厅发展的平台。

销售导师继续说：“在进行营销活动数据分析的时候，你需要做好三项工作。第一，收集数据的工作。营销活动之前，你必须要分派专人对营销活动的各项数据进行收集，并及时汇报给你，让你能够掌握第一手的数据资料。

“第二，分析主要数据的工作。营销活动的数据分析，最重要的是分析销售量，而销售量的分析又与客户的满意度紧密相连。因此，数据分析实际上就是对市场、客户的主要需求进行分析，用具体的数据来引导营业厅下一步的工作。

“第三，用数据说话。如果只用你的话告诉员工们，什么是市场需求和客户需求，或者营业厅下一步的工作方向和重点是什么，这样做是非常缺乏说服力的，很容易引起员工们的质疑。但是用数据对员工们说话，不仅很直接很客观，而且也能让员工们信服。”

营业厅盈利法则：

数据是实际而可信的，因为数字是不会说谎的，因此营销活动的数据分析是非常有必要的。

Chapter 8

陈列和服务管理：利润增长的最后一公里

销售导师的第六堂课是陈列和服务管理。营业厅的陈列和服务是最见功力的事情，一家营业厅的陈列和服务不仅体现了营业厅的品位，而且更是营业厅软实力的体现。所以在硬件设施相等，或者差别不大的情况下，陈列和服务就是营业厅取胜的关键所在。

35 营业厅陈列布局：销售为首，体验为主

目的：促使客户驻足、进厅、停留、买单

销售导师提出问题，说："在经营营业厅的过程中，任何事情都必须是有目的性的，那么营业厅陈列布局的目的是什么呢？"

学员甲说："吸引客户买东西啊！"

学员乙说："让客户看见就愿意进入营业厅。"

学员丙说："其实就是想让客户在店里多待一会儿。"

销售导师微笑着说："大家说的都对，营业厅陈列布局的最终目的就是为了促使客户停下脚步，然后走进营业厅，并且愿意逗留在营业厅里浏览产品，配合营业厅销售员的销售行为，最终促使客户决定购买营业厅的产品。"

> **营业厅盈利法则：**
>
> 目的明确才能够利润明确，因此陈列布局也必须具有针对性。

销售导师说："为了达到这个目的，营业厅在陈列布局的时候，就必须要做好两个方面的工作。第一，精心设计，力图把每一个细节都做到完美。

简单地说，陈列布局最终呈现出来的效果，不是凭空而来的，最佳的陈列布局必然需要细致的策划方案。

“第二，随时跟上市场和客户的需求，及时调整陈列布局。准确地说，营业厅的陈列布局不能一成不变。试想一下，如果你自己的家里总是那么几样家具，总是同样的陈列布局，你一定会产生视觉疲劳，觉得没有新意。由此可见，营业厅的陈列布局也要经常变化，而变化的依据就是市场和客户的需求。”

营业厅盈利法则：

要想达到陈列布局的最终目的，营业厅就必须要细致策划，并且执行到位。

俞月问销售导师，说：“导师，既然营业厅陈列布局的目的大致相同，我可不可以借鉴其他营业厅的成功经验呢？”

销售导师说：“其他营业厅成功的经验是可以借鉴的，但是你要注意，只是借鉴而已，绝对不要模仿。道理很简单，适合其他营业厅的陈列布局，不一定适合你。所以，你必须要根据自己营业厅的地理位置、周边环境、目标顾客等因素，陈列布局自己的营业厅。”

营业厅布局的八大原则

赵亮对销售导师说：“我的营业厅布局总是有问题，但是我也说不清楚，究竟是哪里出现了问题。”

销售导师耐心地问赵亮，说：“你能不能把你的感觉说出来呢？”

赵亮低着头想了想，然后抬起头说：“似乎总是有不合理的地方，看起来多少有些别扭，但我就是找不到原因。”

销售导师点头，表示自己明白了赵亮的意思，然后他说：“任何事物都是有据可循的，只要你能够遵照原则做事，你自然就会找到问题的症结了。”

营业厅盈利法则：

营业厅的布局需要遵照一定的原则，因此无论营业厅如何布局，基本原则是不能丢的。

销售导师说：“关于营业厅的布局，有八个基本原则。第一个原则是简化原则。无论营业厅的面积是大还是小，在布局的时候都必须要简化一些物品，比如货架和柜台，只要够用就可以了。

“第二个原则是装饰原则。营业厅必须要进行装饰，否则营业厅会给客户一种冷漠的感觉。用装饰让客户感觉舒适温馨，但是装饰要简单，千万不可过于烦琐而喧宾夺主。

“第三个原则是用色原则。营业厅布局中的用色很关键，用色得当一方面可以提高营业厅内部的舒适度；另一方面经过心理学家证实，颜色可以带给人愉悦的感觉，因此营业厅的颜色应该选用暖色调，给客户带来舒适之感。

“第四个原则是边角原则。营业厅的布局中一定要有针对边角的策划，充分利用营业厅内部的边角，以此来扩大营业厅的使用面积。”

营业厅盈利法则：

布局的时候也应该要考虑，这样才能够体现出营业厅的用心。

销售导师继续说："第五个原则是适度原则。布局中的任何细节都必须恰到好处，比如柜台的宽度和长度、摆放的方向和位置等，任何不合适的布局都必须要抛弃。

"第六个原则是区域原则。营业厅内部会分为多个区域，而布局的任务就是让这些区域一目了然，让顾客进入营业厅之后，立刻就知道自己需要在哪一个区域中购物或者办理业务。

"第七个原则是合理原则。营业厅的布局必须合理，那么合理是什么标准呢？很简单，客户在营业厅内购物的时候，不会遇到任何的障碍物。

"第八个原则是精品原则。营业厅布局一定要反复衡量和考虑，取最优的布局方案，布局中所使用的物品也必须是精品。"

赵亮对销售导师说："下课之后，我一定会按照这八个原则，对营业厅的布局进行重新规划和布置。"

气氛营造

俞月对销售导师说："有很多门店会营造非常热闹的气氛，以此来吸引客户，那么营业厅需要营造气氛吗？要营造怎样的气氛呢？"

销售导师回答说："营业厅的气氛也需要营造，但是营业厅的经营和门店的经营还是有区别的，热闹的气氛适合于门店促销的时候，营业厅的气氛则不能过于热闹，而是需要一种'热'而'不闹'的气氛。"

营业厅盈利法则：

营业厅内的气氛会直接影响客户的购物心理，因此营业厅一定要懂得营造气氛。

销售导师说："具体地说，来营业厅消费的客户都需要对产品进行一定程度的了解，这一点就不同于某些门店，比如服装门店、超市等。试想一下，如果你是客户，在服装店和超市里消费的时候，你不需要对产品进行全新的了解，因此你不需要与营业员进行过多的交流。

"但是在营业厅中购物就完全不同了，你需要深入了解所购买的产品，因此你需要与营业员进行更多的交流、沟通，如果营业厅里非常热闹，人声鼎沸，你与营业员之间的沟通就会被吵闹的声音打断，在这样的情况下，客户很可能就会放弃购物。"

> **营业厅盈利法则：**
>
> 营造营业厅气氛的时候，作为经营者，你必须根据自身的特点来营造。

俞月问销售导师，说："导师，营业厅的气氛究竟要怎样营造呢？"

销售导师说："每一家营业厅的具体气氛需要你根据目标客户群来营造，但是当你在营造气氛的时候，必须要注意两个问题：第一个问题是气氛营造要适度。营造的气氛要适度，要根据不同的情况，及时调整营业厅的气氛。

"第二个问题是营造气氛的时候要注意细节。营造气氛不是喊几句口号，或者挂几幅宣传海报就可以的，你需要调动每一个员工的积极性，让所有人都参与到气氛营造的工作中。"

橱窗展示与陈列

销售导师提出问题，说："假设你的营业厅已经开业了，你要用什么方法将客户从街上直接吸引到店内呢？”

赵亮说：“通常情况下，我都会打开店门，并且在客户能够看得见的地方，悬挂或者摆放一些与营业厅有关产品或宣传品。”

俞月说：“我觉得把营业厅的门面做好了，才是最好的办法。”

销售导师认真地听了大家的意见，然后说：“无论是摆放宣传品还是装修门面，其实都是一个问题，这就是关于营业厅的橱窗展示和陈列。”

营业厅盈利法则：

营业厅的橱窗是客户最先看到的地方，因此一定要展示出营业厅的整体品位和风格。

销售导师说：“关于营业厅的橱窗展示和陈列有三个原则：第一个原则是展示主推产品原则。营业厅的橱窗是重要的宣传阵地，在这个阵地中唱主角的只能是营业厅的主推产品。从根本上来说，主推产品就是营业厅的品位和形象，而看着橱窗进入营业厅的客户，就是在第一时间里认同了营业厅的品位和形象。

“第二个原则是陈列的层次感和美观度原则。橱窗的陈列最忌讳的就是过多过杂，客户一眼看过来，都不知道营业厅究竟在卖什么东西，这样的橱窗是无法起到宣传作用的。对于美丽的事物，任何人都会喜欢，如果你想让客户因为被橱窗吸引而进入营业厅，那么就让你的橱窗美美的。

“第三个原则是时刻保持橱窗的清洁度原则。洁净是橱窗最重要的原则，无论你的橱窗是否美观、橱窗是否展示到位，但是只要你的橱窗不整洁，任何客户都不会被它吸引，你的努力就会变成无用功。”

> **营业厅盈利法则：**
>
> 橱窗是营业厅的眼睛，既能够让营业厅看见客户，也能够让客户被营业厅吸引。

俞月在笔记本上记录："营业厅的橱窗需要认真对待，要展示什么产品，要如何展示和陈列，都必须集中大家的智慧，经过反复的磨合，最终得到最佳的橱窗展示和陈列的方案。"

专区的陈列

今天上课的时候，学员甲一直低着头，脸上也没有什么表情，细心的销售导师看到之后，询问学员甲说："你是不是遇到了什么困难，能够和大家说一说吗？"

学员甲低着头想了想，抬起头说："我的营业厅正在做一个品牌促销活动，原本的策划案是非常好的，可是开始促销之后，效果却非常糟糕，今天品牌的厂家代表竟然说要和我终止合作。"

销售导师问学员甲，说："在促销的过程中，你为产品设立专区了吗？"

学员甲茫然地看着销售导师，摇了摇头说："没有设立专区，不过有一个专门的柜台，并不是独立的，柜台里还有其他品牌。"

> **营业厅盈利法则：**
>
> 对于促销或者特殊产品应该设立专区。

销售导师说："在营业厅做单一品牌促销的时候，一定要设立一个品牌专区，这个专区要独立于其他品牌专柜，并且要设立在营业厅的显著位置上。如果营业厅的条件允许，这样的专区一定要长期保留，因为专区对于客户有很强大的吸引力。

“同时在专区的陈列上，你要注意三个问题。第一，专区产品是否够‘专’。专区里陈列的产品一定要是单一的，或者是专门品牌的，或者是专门功能的。总而言之，让客户站在专区里的时候，就知道这个专区是在卖什么产品。

“第二，专区陈列是否够‘专’。专区陈列要与营业厅内其他柜台和货架的陈列有所不同。简单地说，专区陈列要更有品位和档次，让客户觉得专区就是营业厅里的‘特区’，所卖的产品一定是营业厅最好最优质的产品。

“第三，专区服务是否够‘专’。专区的销售员必须经过格外的培训，无论从服务上还是从销售上，都必须要比其他柜台的销售员技高一筹。”

营业厅盈利法则：

专区的陈列必须精致，专区展示的产品不在多，在于精。

俞月在笔记本上记录：“专区的陈列要与众不同，而营业厅的专区实际上要吸引的是有更高需求的客户。”

礼品和堆头的摆放

俞月对销售导师说：“昨天我参观了一家刚开业的营业厅，刚开始的时候，不知道为什么我总是有种乱糟糟的感觉，后来我才发现这家营业厅的礼品和堆头摆放有问题。导师，礼品和堆头要如何摆放，才不会给客户乱糟糟的感觉呢？”

销售导师对俞月说："我真的很高兴，你已经能够用专业的眼光发现问题了。的确，很多营业厅的礼品和堆头摆放都存在问题，不是显得乱糟糟的，就是堵塞了客户的浏览路径。因此，营业厅对礼品和堆头的摆放应该有严格的规定。"

营业厅盈利法则：

礼品和堆头的摆放必须要做到不散、不乱、有形、有价值。

销售导师说："关于营业厅中礼品和堆头的摆放，你可以参考以下三个办法。第一，占据有利地势，但是要绕开为客户设计的动线。很明显，礼品和堆头都必须摆放在营业厅内的优势位置，但是你必须要遵守一个原则，那就是礼品和堆头摆放的位置不能和客户的动线相冲突。

"第二，依照产品的形态做堆头，越形象越好。堆头的摆放要形象化，虽然有些堆头很难被形象化摆放，但是你也要借助一些工具，将堆头摆放得越形象越好。这样做不仅是为了吸引客户的注意力，也是为了给营业厅带来更多的利润。

"第三，礼品要摆放在活动专区里，越方便越好。礼品的摆放千万不要远离活动专区，要让参加活动的客户立刻就知道可以领取什么样的礼品。"

营业厅盈利法则：

营业厅摆放的礼品和堆头，不仅要有利于提高销售额，而且也要让厂家产生竞争的心理。

俞月在笔记本上记录："礼品和堆头都是营业厅的宣传手段之一，因此不仅要能吸引客户，还能吸引更多的厂家愿意与营业厅合作。"

最好的布局源于良好的现场管理

赵亮对销售导师说："实际上，我的营业厅布局也是经过我精心设计的，而且最终呈现出来的效果也非常好，但客户就是不买账。导师，您能帮助我分析分析吗？"

销售导师沉思了一会儿，对赵亮说："关于营业厅的布局，还有一个关键点你需要清楚，最好的营业厅布局不是单纯地来自于策划和设计，而是源于你良好的现场管理。"

> **营业厅盈利法则：**
>
> 现场管理才是维持布局的最好方法，作为经营者，你必须要有现场管理的能力。

销售导师说："什么是现场管理呢？对于营业厅来说，现场管理就是用营业厅的制度和标准，管理人员、设备、产品等要素，同时组织、协调、计划、控制营业厅的计划和布局，以便能够达到高效、安全经营的目的。

"由此可见，良好的现场管理是优质布局的基础。如果你现在正在进行营业厅布局，现场管理就显得尤为重要，一旦现场管理出现了问题，再好的布局规划都会变成纸上谈兵，根本无法在现实中实现。

"因此要想拥有良好的现场管理，你就必须做好两个方面的工作。第一，做好整体的协调工作。组织和协调营业厅全体员工，为了营业厅布局而积极工作，并且将布局所需要的效果，通过彼此的分工合作完美地呈现出来。

“第二，做好细节的控制工作。营业厅经营者的现场管理功力表现在一大一小上——对于大局的协调以及对于细节的控制。具体地说，任何布局都必然会涉及很多细节，而这些细节则决定了布局能否成功，因此对于细节的控制能力是每一个营业厅经营者的必修课。”

营业厅盈利法则：

营业厅布局的成败是对经营者现场管理的综合考评。

俞月在笔记本上记录：“现场管理决定营业厅布局的成败，所以，我要好好修炼现场管理的能力。这不仅对营业厅布局，而且对营业厅的经营、活动，都是非常有帮助的。”

工具 16：门面整体布局与设计

门面布局方法	门面设计	优点	缺点
格子式布局	基本形式中规中矩，充分利用空间，并且可以大面积陈列货物，方方正正的格子，不仅可以给顾客整齐的感受，也能够让营业厅的陈列显得规矩。	货架安置规范，顾客浏览方便，空间严肃有效，有效降低成本，环境规整标准，有利于销售员与顾客交流。	气氛比较冷漠单调，室内装饰温馨不足、创造力有限，顾客多时容易产生拥挤现象。
岛屿式布局	形状各异的岛屿布置在门面内部，不仅可以增加美观度，还可以体现出不同产品的特质。岛屿式布局设计比较自由，容易引起顾客的购买欲望。	布局富有创造性，气氛活跃，让顾客在愉快的环境中购物，满足顾客对同一品牌的不同需求，延长顾客的逗留时间。	顾客容易迷失，找不到需要的产品，营业面积变小，不利于销售员操作，货架不规范，增加经营成本。

续表

门面布局方法	门面设计	优点	缺点
自由流动式布局	格子式布局和岛屿式布局相结合，通常情况下，边角运用格子式布局，而中央运用岛屿式布局。	布局灵活多变，方便顾客在店内浏览产品，气氛和谐融洽，容易引起顾客的购物欲望，顾客愿意长时间在营业厅内逗留。	顾客容易集中在某一个柜台，比较浪费店内面积，对于管理人员的要求很高。

工具 17：客户动线设计技巧

	定义	优点	缺点
客户动线设计	是指顾客进入营业厅到走出营业厅的路线，简单地说，动线设计不仅关系到营业厅的盈利，而且也关系到顾客对营业厅的第一印象。	让顾客“顺从”营业厅的引导购物，便于顾客顺利找到主推产品，提升营业厅在顾客心目中的整体形象，达到让顾客喜欢并信任的目的。	设计不当容易引起顾客的逆反心理。
动线设计要素	第一要素：行进动线。掌握顾客的行进习惯，并且利用产品或者货架的摆放，延长顾客在营业厅内的逗留时间。第二要素：视觉动线。掌握顾客的视觉习惯和心理活动，引起顾客对主推产品的注意，并且引导顾客消费。	利用顾客的行动习惯和心理特点，让顾客第一时间了解营业厅的主推产品，以及营业厅其他的产品特征和信息，便于顾客挑选产品，还能激发出顾客对产品的好奇心和购买欲。	如果设计有误，会让顾客认为营业厅有意强制购物，或者因为不感兴趣，提前离开营业厅。
动线设计原则	三个原则：畅通无阻原则；产品互相结合原则；引起顾客关注原则。	让顾客在营业厅内的购物更加顺畅，而且有利于销售员与顾客之间的交流。	设计不当就会影响顾客进行购物，甚至让顾客对营业厅产生反感。
动线规划原理	第一原理：顾客行走习惯原理；第二原理：视觉习惯原理；第三原理：色彩与光线原理；第四原理：通道宽窄有别原理。	遵守原理进行客户动线规划，不仅能够让客户享受一次愉快的购物体验，也能够提升营业厅的服务质量，吸引更多的客户。	不遵守原理的动线规划，一方面让顾客产生烦琐和烦躁的情绪，另一方面也会让营业厅的经营陷入被动。

工具 18：业务受理区设计技巧

业务受理区类型	设计技巧	人员配置	优点	缺点
直线型	直线型的业务受理区要宽敞，受理区的柜台不要太高，最好能让顾客坐下进行业务咨询，柜台不要过宽，以免让顾客产生距离感。	一个柜台后面最好能够配置两位工作人员，这样在受理的过程中，就不会顾此失彼。	直线型的业务受理区给顾客的直接感觉就是整洁、宽敞，并且能够缓解顾客焦躁的情绪。	顾客多时容易出现排长队的情况，使得顾客不能够顺利地进行业务咨询。
环岛型	分为全环岛和半环岛类型，对于场地的要求比较低，可以利用店内的边角区域，同时也能够提供给顾客充分的咨询空间。	全环岛型需要配置至少四位员工，半环岛型也要至少配置两位员工。	环岛型受理区可以让顾客感觉空间很充足，并且对于业务的咨询保密性相对比较好。	如果服务不到位，顾客很容易产生不知道应该坐在哪里进行咨询的感觉。

工具 19：体验区布局与设计技巧

体验区布局	布局原则	设计技巧	优点	缺点
情境式布局	真实可信原则，情境式的布局一定要让顾客相信情境的真实性，以便销售员根据情境一步一步地引导顾客进行消费。	设计一个真实可信的情境，不需要太浪漫，最好就是顾客的亲身体验，情境越真实顾客的体验就越有效。	顾客可以在情境中真实的体验产品，便于顾客深入了解产品功能。	情境设计不当，会让顾客觉得这是一场游戏，没有可信度。
融入式布局	平常心原则，体验必须符合顾客的日常生活，淡化销售员的存在，让顾客自然而然地融入体验中。	不设计明显的区域，让顾客根据需求自行体验，销售员不要过多干涉顾客的体验过程。	顾客可以不受限制的自由体验，有利于加深顾客对产品的印象。	销售员工作不当，会让顾客对产品失去兴趣。

续表

体验区布局	布局原则	设计技巧	优点	缺点
开放式布局	实际操作原则，让参加体验的顾客，都能够亲自操作产品，并且在体验区明确标准产品的各种使用功能。	把产品的每一项功能，都用明显的标牌标注出来，同时让顾客清楚地看到产品哪些功能是一样的，哪些功能是不一样的。	顾客在半自助式的体验区中，可以没有压力地、自然地了解产品。	顾客会因为不懂的技术术语，而放弃对产品的了解。

工具 20：增值业务区设计技巧

增值业务区类型	设计技巧	设计原理	人员配置	注意事项
柜台式	柜台设计要宽敞大气，顾客的座椅必须要舒适，柜台高度适中，以顾客与销售员能够进行沟通为标准。	遵守顾客的咨询心理原理，让顾客认为提供服务的人员都是专业的，同时努力营造温和的气氛。	每一个班次最少要有两名员工，如果遇到特殊情况，也必须有一名员工值班，员工组长流动检查。	柜台上一定要保持整洁，员工在处理业务的时候，必须保持微笑服务。
封闭式	不要用货架或者硬物进行封闭，要用装饰物进行封闭，这样做是为了不引起顾客压抑和烦躁的情绪。	为了让员工更好地办理业务，不受到不必要的打扰，封闭式的增值区不仅保证了员工的工作空间，也保障了顾客的基本利益。	最佳人员配置是三名员工，在缩短顾客等候时间的同时，也能够快速地办理业务。	员工必须要坚守岗位，不能让岗位出现任何的空缺。
半封闭式	将对顾客开放的增值区与封闭的增值区有机地结合起来，利用一些摆设物品，来阻止顾客进入工作区域。	一部分的业务区域对顾客开放，让顾客在更加轻松的环境中享受营业厅提供的服务，使得顾客能够顺利地接受增值业务。	根据顾客量的不同以及增值区域的面积不同，配置两人到四人不等，也可以配置更多的人员。	在开放区与业务区中间，最好安排一名工作人员，以便能够有效地阻挡顾客。

工具21：自助服务区设计技巧

区域设计	自助服务区不要占据营业厅中央的位置，而是需要一块相对宽敞的区域，营业厅内要设置自助服务区的等候区以及醒目的自助服务区的标示。同时，自助服务区最好紧邻业务受理区，方便顾客随时咨询工作人员。
设计原则	第一个原则：空间独立原则。虽然大多数自助服务区是开放式的，但是营业厅也要利用一些物品的摆设，为自助服务区划分出比较明显的区域。第二个原则：自由办理原则。自助服务区内需要必要的提示，告诉顾客自助服务区都办理什么业务。
人员配置	自助服务区内至少要配置一名工作人员，同时对营业厅内的所有员工都进行自助服务的培训，以便在顾客遇到问题的时候，能够得到营业厅员工的及时帮助。
注意事项	虽然服务是自助的，但不等于是无助的，营业厅员工对待自助服务，与对待其他服务的态度和原则必须是一致的，不要因为顾客进行的是自助服务，就让服务的标准打了折扣。

工具22：终端销售区陈列与设计技巧

产品陈列	销售区产品陈列一定要有助于吸引顾客的目光，能够引起顾客的购买欲望，同时还能够体现出营业厅的定位和形象。这样做不仅是为了让顾客更加方便地购物，也是为了提高营业厅的盈利，并加快营业厅产品的流通速度。
陈列原则	原则一，买得到原则。产品的分布面积要广，尤其是营业厅的主推产品，不要让顾客看得见主推产品的广告，却找不到主推产品陈列的货架。原则二，看得到原则。要让顾客进入营业厅的第一眼就看到主推产品或营业厅的主要产品，这样做就能够提高顾客对产品的购买欲望。原则三，拿得到原则。陈列产品的时候，要注意摆放产品的高度，不要让顾客看得到却拿不到。
区域设计技巧	终端销售区的通道宽窄要适中，既不能影响营业厅的正常经营，也不能让顾客产生拥挤感。同时销售区的货架或者柜台的位置，都必须经过严格的设计，如果营业厅的空间有限，货架或者柜台的摆放一定要充分利用空间。
区域设计原则	原则一，方便原则。不仅要方便顾客购物，也要方便员工进行销售工作。原则二，有效利用空间原则。即使营业厅的空间很大，也不能够浪费任何一个空间。原则三，规范化原则。销售区域任何的陈列都必须要规范，销售人员的服务也必须要规范。

工具 23：柜台布置与陈列技巧

	柜台布置	产品陈列
分区域	用柜台自然地划分出营业厅内部的功能，把销售区与业务区划分开。这样的柜台布置不仅让营业厅内部看起来井然有序，而且也能够延长顾客在营业厅内的逗留时间。	将不同功能或者不同价格的产品分区域陈列，方便有需要的顾客购买，也方便销售人员进行销售活动。
分品牌	每一个柜台都是一个或者两个品牌，如此一来，顾客就可以专注地购买自己所需要的品牌，而不必四处寻找，不仅有效地利用了顾客的消费时间，而且还延长了为顾客提供服务的时间。	品牌对于顾客的影响是非常大的，而每一个品牌都会有代表产品，这些能够代表品牌质量和形象的产品，都必须要陈列在最醒目的地方。
分促销	促销柜台与其他柜台分开，不仅有利于顾客参加促销活动，而且也有利于营业厅针对促销活动进行宣传、销售，同时也给销售员腾出足够的促销空间。	促销产品和非促销产品必须分开陈列，如果顾客把非促销产品当成了促销产品，营业厅就面临着两种选择，一种选择损失营业厅的信誉，另一种选择损失营业厅的利润。
巧搭配	柜台的布置不要单一化，要搭配一些必要的标示，同时柜台和柜台之间，也要彼此配合，这样才能够达到吸引消费者购物的最终目的。	产品陈列需要搭配一定的配件，要让顾客知道，营业厅不仅销售产品，而且也提供足够的配件和服务，以此扩大顾客群。

工具 24：开放式体验台布局技巧

布局类型	基本特征	技巧运用	实际操作
品牌统一型	集中展示同一个品牌的产品，让顾客能够更多地了解这个品牌，多用于品牌宣传新产品的时候。	在对着营业厅大门的体验台方向，放置品牌的主推产品，让顾客来到体验台的第一时间，就能够拿到主推产品。	把品牌产品固定在体验台上，并且留出一定的空间给参与体验的顾客，使顾客可以相对自由地进行产品体验。
功能统一型	集中展示主要功能一致的产品，让顾客拥有更多的选择空间，多用于营业厅主题宣传的时候。	产品的主要功能必须一致，但是也要拓展产品的辅助功能，最好有明确的标示，向顾客具体说明产品的功能。	在每一个展示产品的旁边，都写有非常明确的产品功能说明，越详细越好，使体验产品的顾客能够一目了然。

续表

布局类型	基本特征	技巧运用	实际操作
促销一致型	集中展示营业厅内部有特色的产品，让顾客明确营业厅促销活动的内容，多用于营业厅各种促销活动中。	将促销产品的特色、功能、价格优势都展现在顾客眼前，使顾客通过体验台就能够完全明白营业厅促销活动的内容。	把促销活动和体验台结合起来，配合销售人员的服务和销售，促使顾客对促销活动产生兴趣，进而参加营业厅的促销活动。

工具 25：中岛体验台陈列与设计技巧

陈列类型	设计技巧	展示原则	实际操作
集中陈列型	将中岛台上的产品集中在一起，同时按照一定的规律排列，以便能够吸引顾客的注意力，达到销售的目的。	集中展示的产品必须是营业厅的主推产品，而展示出来的是产品的优势，也是顾客对产品的消费点。	将最醒目的产品放在最显眼的位置，并且把产品的界面定格在宣传主打的功能上，让顾客一看到就有兴趣。
分散陈列型	将展示的产品分散在中岛台上，并且配置产品的辅助产品，让顾客能够看到整套产品的配置。	中岛台上的每一个产品都不是单一的，要有相关的配置，让顾客一次性全面了解所展示的产品。	尽量把产品以及配套设备都摆放在一起，并且将配套设备都与产品连接上，使顾客一眼就知道其功能所在。
综合陈列型	集中和分散相互结合，就像用产品的陈列，向顾客展示产品说明书一样。	用每一个细节告诉顾客所展示产品的功能与优势，让顾客能够像“看图说话”一样地深入了解产品。	集中陈列的产品必须是主推产品，而分散陈列的产品是配合主推产品的，展示需要有层次感，切记，中岛台不要给人混乱的感觉。

36 服务管理：让顾客得到超值体验

营业员仪容要求和训练

俞月对销售导师说："我在打工的时候，最不喜欢上司对我的外表要求这要求那，好像我一无是处一样。"

销售导师笑着说："职业人必须要有职业精神。作为营业厅的营业员，仪容就必须要符合营业厅的要求，因为进入营业厅的顾客会把营业员当成是营业厅的具体形象。"

> **营业厅盈利法则：**
>
> 营业员的仪容就是营业厅的形象，因此必须要严格要求。

销售导师接着说："营业厅对营业员进行仪容的训练是非常有必要的，必须要训练的是面部的修饰。面部修饰包括脸部修饰、眉毛修饰、眼部修饰等。脸部修饰的具体要求是皮肤要干净，不能够充满油光，同时要训练营业员根据自己脸部皮肤的特点，进行日常的皮肤护理。

"对于眉毛修饰的具体要求是清洁、美观，同时训练营业员根据自己的眉形修饰眉毛。对于眼部修饰的具体要求是洁净，眼睛四周不能够有不洁之物，同时训练营业员根据自己的眼睛形状来化眼妆。而对于那些戴眼镜的营业员，对他们的眼镜也要有额外的要求：眼镜款式要适合，镜片要保持明亮、干净。”

营业厅盈利法则：

当顾客看到营业员整洁、舒适的脸时，就会在心里给营业厅打一个高分。

俞月说：“对仪容的训练听起来是在上美容课，导师，真的需要这样训练吗？”

销售导师非常肯定地点头，说：“仪容训练的必要性是不容置疑的，其宗旨就是在整洁的基础上做适合自身的修饰。并且营业厅必须要把对仪容的要求形成明文规定，让营业员有制度可循。”

俞月说：“我明白了。”她在笔记本上记录：“营业员的仪容要与营业厅的形象相吻合，因此教会营业员化妆的技巧，是非常必要的。”

营业员仪表要求和训练

销售导师提出问题，说：“对于仪表的要求和训练，大家认为都包括哪些方面呢？”

学员甲说：“穿衣打扮。”

学员乙说：“举止气质。”

学员丙说：“衣着配饰。”

销售导师非常高兴地说：“大家说得都对，把你们三个人的答案综合起来就是完整的答案。”

> **营业厅盈利法则：**
>
> 营业员的仪表代表着营业厅的品位，不符合标准的仪表，会让顾客认为营业厅的品位很差。

销售导师说：“仪表首先是手臂和腿部的修饰，其次是衣着和配饰的修饰，最后是气质和态度的修饰。对于仪表最基本的要求就是整洁干净，不要奇装异服，不要佩戴与营业厅环境不符的配饰。因此，营业厅必须训练营业员穿适合工作的服装，如果营业厅有工作服，营业员必须统一穿工作服；保持良好的精神面貌，尤其在炎热的夏天午后，绝对不能在顾客面前表现出疲惫、困顿的精神面貌。”

> **营业厅盈利法则：**
>
> 营业厅要训练营业员根据自身的特点进行仪表的修饰，让其在顾客面前展现出最佳的精神面貌。

赵亮对销售导师说：“仪容仪表的要求都是针对女营业员的，我们男的本来就不打扮。”

销售导师用力地摇头，说：“你的想法是非常错误的。仪容仪表的要求和训练是不分男女的，甚至在训练的过程中，尤其要注意男营业员，因为有些男营业员早上起来不刮胡子，也不修饰，直接站在营业厅里，给顾客一种没有睡醒的感觉。如果你是顾客，你会愿意让一个没有睡醒的人给你当导购吗？”

赵亮“嘿嘿”地傻笑着，说：“导师，我明白了，仪容仪表对男女来说都非常重要，因此训练中必须要一视同仁。”

俞月在笔记本上记录：“仪表的训练需要注意服饰的搭配，要教会营业员正确的穿衣打扮。尤其是对于男营业员来说，必须要求他们每天都刮胡子。”

服务状态：专业，更要职业

俞月问销售导师，说：“营业员的仪容仪表过关了，服务状态是不是就过关了呢？”

销售导师摇了摇头，说：“标准的仪容仪表只是服务状态的基础，要想让营业员有更专业的服务状态，就必须要让他们更职业化。”

> **营业厅盈利法则：**
>
> 服务状态的职业化，才是服务质量的最根本保证。

销售导师说：“营业员的服务状态不仅要专业，而且要更职业。作为专业的职场人，没有职业精神和职业素质，无论如何都是没有前途的。让营业员保持职业化的服务状态的办法有很多，以下三个办法是非常实用的。第一，加强营业员的职业素质。作为营业厅的经营者，你必须要想方设法加强对营业员职业素质的培训，让营业员清楚，只有更加职业，才能够受到重用。

“第二，训练营业员的职业操作。营业员是一种服务性职业，需要掌握很多非常专业的服务技巧和操作，你必须要制定一系列的服务操作规范，并且让营业员熟练地掌握这些操作规范。

“第三，让营业员懂得服务的重要性。你必须让营业员清楚，优秀的服务是营业员职业要求。最佳的服务状态一方面可以赢得更多的客户和更多的利润；另一方面也直接关系着营业员的职业前途。”

营业厅盈利法则：

专业、职业的服务态度可以使营业厅和营业员都能够拥有更美好的前景。

俞月问销售导师，说：“我知道服务很重要，但是服务状态真的有必要职业化吗？”

销售导师回答：“非常有必要，因为任何人都不是铁打铜铸的，都会有想偷懒的时候，越是在这个时候，职业化就越显出它的重要性。因为职业化不仅有助于服务状态的保持，更有利于营业员本身的状态调整。”

俞月在笔记本上记录：“服务状态不仅要专业，更要职业，让营业厅的营业员更加职业化，正是我需要加强努力的方向。”

服务环境：干净，明亮

销售导师提出问题说：“大家现在可以想一想，你会提供给顾客什么样的服务环境呢？”

赵亮骄傲地说：“我的营业厅都是非常大气的，服务环境绝对舒适、优雅。”

俞月咬着笔头想了又想，然后说：“我的营业厅应该是干净的，而且让顾客觉得非常的明亮。”

销售导师满意地点了点头，说：“你们的营业厅听起来都非常不错，我相信如果我是顾客，也一定愿意在你们的营业厅里购物。实际上，对于营业厅服务环境的要求非常简单，就是干净、明亮。”

营业厅盈利法则：

服务环境的优劣直接影响顾客的购物情绪，因此也会直接影响营业厅的利润。

销售导师说：“如果顾客进入一家干净、明亮的营业厅，顾客就会决定在这家营业厅里转一转、看一看，反之，如果营业厅里混乱、阴暗，那么我敢肯定，任何顾客都会掉头离开。

“因此，服务环境对顾客的影响是非常巨大的。那么，营业厅要如何拥有干净、明亮的服务环境呢？第一，营业厅要注意采光。不要为了广告效应，就把营业厅的玻璃都贴上宣传海报。第二，营业厅要时刻打扫。明确规定营业员的打扫排班，强调营业员负责的是一整天的打扫，而不是只有开店前和闭店后的打扫。”

营业厅盈利法则：

你必须让营业员清楚，服务环境是每一个人的事情，并且关系到每一个人的利益。

销售导师接着说：“营业厅在做好以上两点之后，还要注意培养营业员的服务环境意识。简单地说，服务环境不是某一个营业员或者经营者的责任，而是营业厅全体员工的责任和义务。同时，要让营业员清楚，没有干净、明亮的服务环境，会导致什么样的后果。此外，还要制定服务环境的标准，让每一个营业员都知道应该如何做。”

服务语言：语言，语调，语气

今天俞月的心情非常不美丽，上课前，销售导师问她，“俞月，今天怎么阴着脸啊？遇到什么不开心的事情了吗？”

俞月特别委屈地对销售导师说：“我刚才在一家营业厅里看手机，那家的营业员说话特别难听，好像总是要和我吵架一样，我一忍再忍，可是那个营业员越来越不像话，我就和他吵了一架。”

销售导师很认真地听了俞月的诉说，然后说：“一定是那个营业员的服务语言有问题，才导致这么糟糕的结果。”

俞月连连点头，说：“是啊！那个营业员的服务语言、语调、语气都让我特别不舒服。导师，要是我的营业员，我要如何调教呢？”

> **营业厅盈利法则：**
>
> 营业员说什么样的话，你的营业厅就会有什么样的销售状态。

上课之后，销售导师给大家讲了俞月今天的经历之后，回答了俞月的问题，他说：“对于营业厅营业员的服务语言，最基本的要求就是和气、温和、谦虚。实际上，服务语言包括了语言、语调、语气，因此，你必须针对这三个方面对营业员进行专业的培训。

“首先是语言，礼貌用语是语言的基础，营业员无论在任何情况下，都必须要使用礼貌用语；其次是语调，语调一定要柔和，并且富于变化，让顾客感觉营业员是感情充沛地在为自己服务，并且在进行服务的过程中，语速要保持匀速；最后是语气，语气要温和轻柔，任何时候都不可以使用过硬的语气，同时营业员说话的音量只要控制在两个人能够听清楚的范围，就是完全可以的。”

营业厅盈利法则：

服务时的语言、语调、语气，就是营业厅的利润、销售额、人气。

俞月在笔记本上记录：“时刻关注营业员的服务语言，并且把自己的亲身经历讲给营业员听，这样做是为了提醒他们不要犯同样的错误，更是为了让他们明白，服务语言能够影响营业厅的业绩。”

服务行为：站，坐，行，蹲

赵亮对销售导师说：“真的有必要这么严格地要求营业员吗？他们工作一天也是非常累的。”

销售导师说：“实际上，不仅是服务语言，就连服务行为也要严格要求。这样做不仅是为了营业厅的利益，也是为了营业员自身的利益，因此是非常有必要的。你要知道，如果你的营业厅不赚钱，没有任何一个营业员会再为你工作。”

营业厅盈利法则：

对营业员严格要求，是营业厅负责任的表现。

销售导师说："对于营业员的服务行为，营业厅必须要有非常明确的规定，还要不定期地对服务行为进行培训。营业员在营业厅中最常见的姿态就是站立，站在营业厅里和站在顾客面前的状态是不一样的。单纯地站在店里的时候，营业员可以在保持规范站姿的基础上，精神上稍放松一些，但是当营业员站在顾客面前的时候，就要一心一意地为顾客提供服务。

"营业员的坐姿必须是两腿膝盖并拢，手自然地放在大腿上，眼睛要自然地目视前方，绝对不能跷二郎腿，也不要左扭扭右扭扭；而营业员的行走状态也必须是标准的，头颈肩要在一条直线上，不要随意地扭动，也不要摇头晃脑地走动。

"实际上，在营业时间里，营业员很少能够做蹲下来的行为，但是营业厅也必须要对营业员的蹲姿进行培训。具体地说，在蹲下去的时候双腿要一前一后，同时弯曲膝盖，保持上身正直，千万不要把臀部翘起来。"

营业厅盈利法则：

关于服务行为中的站、坐、行、蹲，营业厅都必须要有明确的标准。

俞月在笔记本上记录："营业员在店内的站、坐、行、蹲都必须要符合标准，同时对服务行为的培训一刻也不能放松。在培训服务行为的过程中，一定要让营业员明白，这些服务行为体现了自己的专业水平，因此要严格要求自己。"

工具 26：服务规范触点管理表

服务规范触点	日常实施标准	检查标准	评分标准
员工仪容仪表	服装整洁，发型规范，面容清洁，仪容端正，指甲清洁。	整体整洁干净，没有奇装异服，妆容颜色规范，头发干净，员工工作时间不能擦香水。	符合规定打 10 分，每一项不合格扣 1 分，屡次不合格扣 5 分，完全不合格扣 10 分。
员工语言和咨询	语言标准，语气和蔼，询问有技巧，耐心有加，语速平和。	无论遇到什么样子的顾客都要心平气和，切忌与顾客发生冲突。	符合规定打 10 分，与顾客发生冲突扣 10 分。
员工微笑服务	微笑标准，笑容合适，始终如一，笑对问答，保持笑容。	从顾客进店开始，员工要保持始终如一的笑容，而且微笑必须专业。	符合规定打 10 分，笑容不标准扣 1 分，没有笑容或者无法保持笑容扣 10 分。
员工服务礼仪	礼仪准确到位，手势标准，服务周到细致，跟随顾客标准。	服务礼仪是营业厅对顾客的尊重，因此员工必须在任何情况下都保持服务礼仪。	符合规定打 10 分，一项礼仪不到位扣 1 分，整体礼仪不合格扣 10 分。
产品知识和运用	熟知产品知识，熟练运用产品知识，能为顾客提供最好的销售引导，自觉更新产品知识。	产品知识是销售时最需要的，对于顾客来说，员工对产品知识熟悉，才能够体现出专业性。	符合规定打 10 分，一项知识不熟练或者没有及时更新扣 1 分，不懂的产品知识扣 10 分。

工具 27：服务即时评价表

服务态度	服务笑容	服务礼仪	产品知识	服务技巧	服务效果
非常满意（ ）	非常满意（ ）	非常满意（ ）	非常满意（ ）	非常满意（ ）	非常满意（ ）
满意（ ）	满意（ ）	满意（ ）	满意（ ）	满意（ ）	满意（ ）
不满意（ ）	不满意（ ）	不满意（ ）	不满意（ ）	不满意（ ）	不满意（ ）
非常不满意（ ）	非常不满意（ ）	非常不满意（ ）	非常不满意（ ）	非常不满意（ ）	非常不满意（ ）

工具 28：微笑训练法

第一步	筷子微笑训练法：用门牙轻轻咬住筷子，两侧嘴角要对准筷子，看一看两端嘴角的连接线是否与筷子在同一个水平线上，保持状态 10 秒钟。
第二步	在保持状态的情况下，把筷子轻轻从口中拿出，保持笑容 10 秒钟。同时要进行放松训练，让两端嘴角的跷起弧度一致，不可以一边高一边低。
第三步	增加笑容的感染力，锻炼嘴唇的肌肉弹性：禁闭嘴唇，拉紧两端，在心里默数 1、2、3；然后聚拢嘴唇，呈现出圆圆的形态，在心里默数 1、2、3。
第四步	矫正不正确的笑容，最开始的时候，大多数人的嘴角不能够一起上升，因此要用筷子训练法。当筷子训练法达到一定程度的时候，两侧的嘴角就可以一起上升了。然后你要对着镜子观察自己在微笑时的面部表情，矫正紧绷、僵硬的面部表情，让你的微笑看起来自然、舒服、发自真心。

工具 29：服务手势训练

第一步	训练服务手势的基本动作，五指伸直并拢，手心向内，朝向斜上方，手与前臂形成直线。以肘关节为轴，肘关节弯曲成 140 度左右，手掌与地面形成 45 度角。
第二步	反复训练服务手势的基本动作，以便能够形成肢体和关节的习惯性运动，刚开始的时候会很辛苦，但是训练有成之后，做起来就会非常自然了。
第三步	训练各种服务手势，并且配合微笑服务，对着镜子反复练习，动作一定要标准，而且手势和微笑的配合要恰如其分。
第四步	矫正不正确、不自然的手势，服务手势一定要自然地体现出来，矫正肢体僵硬、服务手势不到位的情况，慢慢地形成看起来非常舒服、合适的服务手势。

工具 30：形体训练法

第一步	练习站立姿势，因为站立姿势是形体的基础。训练直线站立法：双脚脚跟并拢，靠墙站立，让小腿、臀部、腰部、肩部、颈部、头部成为一条直线，尽量贴合墙壁，站立 15 分钟。
第二步	训练四肢的协调能力以及头颈的角度。做一些简单的瑜伽动作，一方面训练四肢的协调能力，另一方面也训练四肢的柔软度。在行走的时候，下巴与地面要保持 90 度角，面对顾客的时候，头颈要保持适合的角度。

续表

第三步	训练在店面销售时的各种形体形态，要让形体看起来优雅、自信、自然、舒适，无论任何形态，都要给顾客自然、舒服的感受。
第四步	矫正不正确的形体形态，站立时双肩要在一条水平线上，不要斜着肩膀站立。说话时，四肢和头颈要自然，显出温和的气质，不要一边说话一边抖腿。